AF318936

TRAITÉ

DE LA

CONCORDANCE

DES MODES ET DES TEMPS.

IMPRIMERIE DE J. GRATIOT,
Rue du Foin Saint-Jacques, Maison de la
Reine Blanche.

TRAITÉ

DE LA

CONCORDANCE

DES

MODES ET DES TEMPS,

ET PARTICULIÈREMENT DE L'EMPLOI DU SUBJONCTIF;

Par Charles-Constant LETELLIER,

Professeur de Belles-Lettres,
Membre de la Société française de statistique universelle.

A PARIS,

Chez M. Constant LETELLIER fils, éditeur,
rue Neuve Saint-Marc, n° 6,
près de la place des Italiens.

1837.

AVIS DE L'AUTEUR.

Les Français attribuent à leur langue le mérite
d'être une des principales langues de l'Europe.
Elle doit cet avantage au règne de Louis XIV et
au grand nombre d'écrivains illustres qui signalè-
rent cette époque, et fixèrent l'idiome national.
Mais combien peu d'indigènes parlent purement
cette *belle* langue ! A part les accents, ou inflexions
de voix particulières à chaque ancienne province,
combien de locutions vicieuses employées dans
nos cités, même parmi les personnes des classes
élevées ! Depuis trente ans, le langage s'est beaucoup épuré ; mais que de fautes d'habitude il reste
encore à faire disparaître ! C'est surtout dans l'u-
sage des *modes* et des *temps* des verbes que les
mauvais emplois se sont le plus maintenus. Un
petit nombre de principes clairement établis,
des applications répétées des règles reconnues, des
fautes corrigées dans les auteurs auxquels elles sont
échappées, peuvent améliorer beaucoup et prompt-
tement le discours. Les maîtres et les maîtresses
de classe qui feraient corriger chaque semaine une

douzaine de mauvais discours dans nos exercices *cacologiques*, en y joignant le développement de la règle, verraient bientôt les élèves s'écouter en parlant pour éviter les fautes de concordance, et les remarquer tout bas dans les autres, pour s'en garantir pareillement. C'est une pratique dont j'ai tiré de grands avantages. Je la propose avec confiance.

TRAITÉ

DE LA

CONCORDANCE

DES

MODES ET DES TEMPS.

DÉFINITION DES MODES.

Mode vient du latin *modus*, qui signifie *manière*. Ainsi, par *mode*, ou entend la manière d'employer le verbe.

Nous distinguons cinq modes : l'indicatif, le conditionnel ou suppositif, l'impératif, le subjonctif et l'infinitif.

1° *L'indicatif* est ainsi nommé du verbe *indiquer*, parce que ce mode indique purement et simplement l'action énoncée : je *parle*, je *parlai*, je *parlerai*.

2° Le *conditionnel*, qui affirme une action conditionnelle : *j'écrirais*, *si j'avais du papier*; j'aurais, j'eusse écrit, si, etc.

3° *L'impératif*, qui exprime l'action comme exigée, commandée par une personne déterminée ou indéterminée : *finis*, *finissons*, *finissez*. Ce commandement se décompose ainsi :

Je veux
On veut
 { que tu finisses,
 que nous finissions,
 que vous finissiez.

Les troisièmes personnes que les grammairiens attribuent vulgairement à l'impératif, appartiennent plutôt au subjonctif. D'ailleurs, un des caractères de l'impératif français, c'est l'omission du pronom **sujet**.

4° Le *subjonctif*, mode qui affirme une action exigée, commandée par un sujet quelconque. C'est pourquoi le subjonctif a toujours besoin d'être *subordonné* à un verbe qui marque par qui l'action de *vouloir* est faite. Toute proposition dont le verbe est au subjonctif est donc nécessairement une proposition incidente *déterminative*.

Exemples :

Je veux
Ton père veut
Nous voulons
Ton père et ta mère veulent
On veut
 } Que tu écrives.

5° *L'infinitif*, mode qui exprime une action en général sans aucune distinction de nombres ou de personnes. *Réduire, bâtir*, est ce qu'on appelle un infinitif.

L'infinitif est donc bien dénommé, si l'on prend ce mot dans le sens d'*indéfini*.

EMPLOI DES MODES.

C'est par la nature même des modes que nous en expliquerons l'usage.

USAGE DE L'INDICATIF.

PREMIÈRE RÈGLE.

1. Tous les verbes qui expriment simplement l'affirmation appellent au mode *indicatif* le verbe de la proposition *incidente* ou *subordonnée*, quand la première proposition est affirmative.

Exemples :

Le roi soupçonne que vous *n'êtes* pas de l'île de Chypre.

Dans son désespoir, Astarbé s'imagina qu'elle *pouvait* faire passer Malachon pour l'étranger que le roi faisai chercher.

Narbal savait que Baléazar *ne fut point noyé*, quand on le jeta dans la mer.

C'est là que vous nous *vîtes*, ô grande déesse, qui habitez cette île! C'est là que vous *daignâtes* nous recevoir.

Je déclarerai que *j'ai connu* autrefois votre père; et peut-être que le roi, sans approfondir davantage, vous laissera partir.

Cette Minerve était dans une action si vive, qu'on aurait pu croire qu'elle *allait* marcher.

Je ferai que le pilote *perdra* sa route, et qu'il *s'éloignera* d'Ithaque, où il veut aller.

Hégésippe ajouta qu'il *avait amené* les deux traîtres à Samos, pour y souffrir l'exil qu'ils avaient fait souffrir à Philoclès; et il finit, en lui disant qu'il *avait* ordre de le conduire à Salente, où le roi *voulait* lui confier ses affaires et le combler de biens.

DEUXIÈME RÈGLE.

2. Tous les verbes d'affirmation appellent au *subjonctif* le verbe de la proposition *subordonnée*, quand la proposition *principale* est négative ou bien interrogative.

Exemples:

D'abord je ne pus croire que Philoclès *voulût* me détrôner.

Trouvez-vous, mon cher Télémaque, qu'un roi *soit* malheureux d'avoir du bien à faire à tant de gens?

Je ne pouvais me persuader que cette lettre *fût* de Philoclès.

Croyez-vous que Protésilas *voulût* servir ainsi à l'ambition de Philoclès, s'ils étaient mal ensemble?

Philoclès, qui aperçoit Hégésippe, ne sait que croire. N'est-ce point là, dit-il en lui-même, Hégésippe, avec qui j'ai si longtemps vécu en Crète? Mais quelle apparence qu'il *vienne* dans une île si éloignée?

Ne vous imaginez pas que la crainte *réduise* Idoménée à vous faire ces offres.

Il n'y a que la discorde, sortie de l'enfer pour tourmenter les hommes, qui *puisse* troubler la félicité que les dieux vous préparent.

Pensez-vous qu'Ulysse, le grand Ulysse, votre père, qui est le modèle des rois de la Grèce, *n'ait* pas aussi ses faiblesses et ses défauts?

Télémaque ne se comprenait plus lui-même, et ne pouvait croire qu'*il eût parlé* si indiscrètement.

Crois-tu *que je puisse* oublier l'amitié que je te

dois, et vouloir t'arracher la vie? Non, non, je ne cesserai point d'aimer Philoctète.

Est-il, dans l'univers, une âme infortunée,
Qui, voyant mes malheurs, *plaignît* sa destinée?
(*Gabrielle de Vergy.*)

Tu ne pouvais comprendre que ce *fût* elle.
(*Mad. de Sévigné.*)

Est-il aucun moment
Qui vous *puisse* assurer d'un second seulement?
(La Fontaine.)

USAGE DU CONDITIONNEL.

PREMIÈRE RÈGLE.

1. Le *conditionnel* ne doit jamais être employé dans une proposition qui exprime une action future, sans condition. Une idée de supposition est donc renfermée dans l'usage du conditionnel, et cette idée a besoin d'être déterminée par un second membre de phrase, qui commence toujours par la conjonction *si*.

Exemples :

J'écrirais, si j'avais le temps.

Je *croirais* qu'il se *rendrait* coupable, s'il agissait de la sorte.

Nous *serions* heureux, si nous *savions* régler nos passions.

J'en *ornerais* ton front, si j'*étais* assez grande.

2. Quand le premier verbe est au présent du conditionnel, il faut mettre le second à l'imparfait de l'indicatif : vous *seriez* content, si vous *veniez*. Ne dites donc point : On nous a fait espérer que vous *viendriez* passer l'automne prochain à Fontainebleau. Ce serait employer un conditionnel sans condition. C'est du *futur simple* que vous devez vous servir ici: On nous a fait espérer que vous *viendrez*, etc.

REMARQUE IMPORTANTE.

1° Lorsque l'action a été faite, ou que l'événement a eu lieu dans un temps où l'on n'est plus, au lieu de *j'aurais*, je *serais*, et de *si j'avais, si j'étais*, il est mieux de se servir de *j'eusse*, je *fusse, si j'eusse, si je fusse.*

2° Si, au contraire, le passé est dans un temps où l'on soit encore, il faut se servir de *j'aurais*, je *serais, si j'avais, si j'étais.*

DEUXIÈME RÈGLE.

Après le premier conditionnel *passé*, la conjonction *si* appelle le verbe suivant au deuxième conditionnel passé, c'est-à-dire, au conditionnel en *eusse* ou en *fusse.*

Exemples :

Je vous aurais payé, si *j'eusse eu* de l'argent.

Je vous aurais emmené avec moi, si je *fusse* parti.

Ces satires n'auraient jamais couru le hasard de l'impression, si l'on *eût* laissé faire leur auteur (*Boileau*). On suppose ici un passé dont il ne reste plus rien.

Je vous eusse envoyé cette lettre le jour même où je la reçus, *si j'en eusse trouvé* l'occasion.

J'eusse joué, si l'on m'*eût donné* hier de l'argent.

  Remarque. Nous lisons dans Racine :

Ou si...., d'un sang trop vil, ta main *serait trempée,*
Au défaut de ton bras, prête-moi ton épée. (*Phèdre.*)

Cette tournure est une des plus belles et des plus heureuses ellipses, puisqu'elle donne à la phrase, non-seulement plus de rapidité, mais plus de clarté.... Prête-moi ton épée, au défaut de ton bras, si *tu crois que* d'un sang trop vil ta main serait trempée (*si elle me frappait, en me frappant*).

USAGE DE L'IMPÉRATIF. |

L'*impératif* exprime l'action comme exigée par la première personne. Il diffère en cela du subjonctif, qui ne marque point par qui l'action est commandée.

Ainsi, quand je dis :

Lis
Lisons
Lisez

{ c'est évidemment comme si je disais : } je veux { que tu lises.
que nous lisions.
que vous lisiez.

Voilà pourquoi il n'y a point de première personne au singulier dans l'impératif. On ne parle que pour communiquer sa pensée. Je puis bien commander à un autre *qu'il lise.* C'est de l'énonciation de cet ordre que dépend cette action. Mais, si je veux lire, je n'ai pas besoin de me commander par un ordre verbal; un ordre intérieur me suffit....Si la première personne de l'impératif s'emploie au pluriel, c'est parce que j'appelle les autres à concourir avec moi à l'action exigée.

Quelques personnes disent qu'il n'y a point de première personne singulière à l'impératif, parce qu'on ne peut pas se commander à soi-même: c'est une sottise et une impiété. On peut, on doit se commander à soi-même.

USAGE DU SUBJONCTIF.

PREMIÈRE RÈGLE.

1 Mettez au *subjonctif* le verbe de la proposition subordonnée, quand la proposition précédente

exprime la *volonté*, la nécessité, la convenance, et généralement un *empire* quelconque.

Exemples :

Je *veux* que vous *fassiez* votre devoir.

Il *faut* que je *fasse* ce discours.

Un style trop égal, et toujours uniforme,
En vain brille à nos yeux ; il faut qu'il nous *endorme.*

(BOILEAU.)

Je *désire*, mon enfant, que vous *ayez* pitié des malheureux.

Vos parents *souhaitent* que vous vous *instrui-siez.*

J'aime qu'on me *lise,* et non pas qu'on me *loue*, disait Boileau.

J'*aime* que tu *dormes.*

Je prie Dieu *qu'il* vous *rende* la santé (Moi voulant que, etc.).

Puissiez-vous être un jour plus heureuses que moi (Je *souhaite*, je *veux* que vous puissiez etc.)!

(Les propositions *optatives* emportent donc une idée de *volonté.*)

Je suis content, bien aise, moi, ravi; je me réjouis que vous *soyez rétabli.*

Nous consentons, ma femme et moi, que vous *épousiez* notre fille. (Nous joignons notre volonté à la vôtre *pour que*, etc.)

Je consens que mes yeux *soient* toujours abusés.

Néron, devant sa mère *a permis* le premier
Qu'on *portât* des faisceaux couronnés de lauriers.

(*A consenti, a voulu.*)

    Et Dieu , qui les bénit,
Aux désirs de Booz, *permet* que tout *réponde.*

    Ah ! *souffrez* que loin de votre vue,
Seigneur, *j'aille* cacher mes larmes, mes ennuis,
Mes vœux , mon désespoir, et l'horreur où je suis !
       (*Zaïre.*)

(*Permettez, consentez, voulant* avec moi , etc.)

Deux fois le Ciel *souffrit* que ces fatales plaines
S'engraissassent du sang des légions romaines.

(Le ciel *permit, voulut* que etc.)

Vous *avez exigé* qu'à ce peuple soumis,
Coriolan *parût* devant ses ennemis.

J'aimerais mieux encor qu'il *déclinât* son nom,
Et *dît :* je suis Oreste ou bien Agamemnon.

J'ordonne que vous me *suiviez.* (Je *veux* avec autorité que, etc.)

Il est juste que je *rende* ce que j'ai pris. (La justice *veut* que, etc.)

Il est bon que vous vous *décidiez* promptement. (Le bien *veut* que, etc.)

Il est possible qu'il *remette* son voyage au printemps prochain (La possibilité *permet, veut* que, etc.).

Il est difficile que vous *vous absentiez* cette semaine. (Des difficultés ne *permettent* point, ne *souffrent* point, ne *veulent* point que, etc.)

Il est fâcheux que votre parente soit arrivée si tard. (Il nous fâche, il est contraire à notre *volonté* que, etc.)

Il est désolant que vous ne *puissiez* point partir aujourd'hui.

2. Ainsi, l'unipersonnel *il est*, suivi d'un adjectif ou d'un participe exprimant un devoir, une convenance, une affection de l'âme causée par une perte, par un dommage, marquant un regret, contient une idée de *nécessité*, de *volonté*, et demande par conséquent que le verbe suivant soit mis au *subjonctif.*

> *Il est beau* qu'un monarque, aussi grand que vous l'êtes,
> Pour s'immortaliser, *fasse* ce que vous faites,
> Qu'au gré de la justice il *règle* son pouvoir,
> Et, qu'exempt de défauts, il *ait* peur d'en avoir.
>
> *(Ésope à la Cour.)*

3. *Il est* et *c'est*, suivis d'un substantif qui marque un ordre constant de la nature ou de la société, une obligation indispensable, emportent

pareillement idée de *nécessité*, *d'empire*, et demandent le mode du subjonctif.

Dans votre âme avec vous *il est temps* que je *lise*.

> Hélas ! *il était temps* que le jeune Tobie
> A son malheureux père allât rendre la vie. (FLORIAN.)

> L'assassin de Bayard menace votre vie ,
> M'a-t-il dit; ce secret est connu d'Euphémie....
> Vous allez m'éclairer sur ces lâches forfaits?
> Quel bonheur *que* mes jours *soient* un de vos bienfaits!
> (*Gaston et Bayard.*)

(Quel bonheur *ce m'est, ce me sera*, etc.)

4. Les· autres verbes unipersonnels qui expriment nécessité, convenance, etc., demandent aussi le verbe de la proposition *incidente* au subjonctif.

5. Le besoin, dit Condillac, détermine l'inquiétude; l'inquiétude le désir; le désir la *volonté*. Toutes ces choses se tiennent. Sentir des besoins, un malaise, des désirs, des regrets, chercher plus impérieusement, selon qu'on le peut, à les satisfaire, c'est toujours *vouloir*; et c'est cette puissance que nous appelons *volonté*.

> Un style trop égal, et toujours uniforme,
> En vain brille à nos yeux ; *il faut* qu'il nous *endorme*.
> (BOILEAU.)

Il faut que nous *partions* dans deux jours. (La nécessité *veut* que, etc.)

Il convient qu'une demoiselle ne *sorte* point seule. (La convenance *veut* qu'une demoiselle ne *sorte* point seule.)

> Seigneur, ...
>   Quelque dessein que vous *ayez*,
> Pour rendre une chose équitable,
> Il *suffit* que vous la *vouliez*. (*Ésope à la Cour.*)

> . . . . Il *suffit* que je *veuille* une chose,
> *Pour que* vous *vouliez* l'autre. (*Les trois frères rivaux.*)

> Et, j'ai quelque *chagrin* de voir que cela *vienne*
> De votre invention plutôt que de la mienne.
>   (*Mercure galant.*)

> Je l'admirais moi-même ; et mon cœur combattu,
> *S'indignait* qu'un chrétien *l'égalât en vertu*. (*Zaire.*)

6. Nous avons dit que le verbe de la proposition *subordonnée* doit se mettre au subjonctif, quand le verbe de la proposition *principale* exprime une *négation*. En effet, les propositions *négatives* renferment une idée *d'exigence*, un empire de certaines circonstances, et par conséquent l'expression d'une *volonté*.

Je ne crois pas que *vous veniez* à bout d'un pareil dessein. (Je ne crois point ceci *exigé*, *permis* par les circonstances, savoir que vous *veniez à bout*, etc.)

Tes parents ne croient point que tu *tiennes* la promesse que tu leur as faite.

Non , il n'est point croyable , à vous parler sans fard ,
Qu'un enfant pour sa mère *ait eu* si peu d'égard.

(Ésope à la Cour.)

Je ne crois pas entièrement que la loi *soit interprétée* de la sorte par la cour suprême. (Je ne crois point que la loi *veuille, permette* que la cour suprême l'interprète en ce sens.)

Essex ne croyait pas qu'un indigne destin
Dût flétrir les lauriers qu'avait cueillis sa main.

(Henriade.)

7. Je crois peu que cet homme *agisse* de bonne foi. (*Croire peu, croire à demi,* c'est ne pas beaucoup croire, c'est ne pas croire à fond : les circonstances ne permettent pas, ne *veulent* pas que je *croie* beaucoup, que je croie à fond que cet homme, etc. Nous retrouvons donc encore ici une idée de *volonté.*)

Je nie que la richesse *soit* préférable à la santé.

Je ne souffrirai point qu'un sujet despotique ,
De l'état avili bravant toutes les lois,
Ait le droit insolent d'épouvanter ses rois ,
Ni qu'en servant son maître, *il apprenne* à lui nuire.

(LA HARPE.)

Il *n'y a rien* que je ne *fasse* pour vous.

Je ne m'attendais pas, sire, que la fortune
Dût vous rendre si tôt ma présence importune :
Que jamais contre moi le courroux du destin,
Pour préparer ses traits, *empruntât* votre main.

(LA HARPE.)

J'ai *peine à penser* qu'une plus chère flamme
Ait surpris sa jeunesse, et me *ferme* son âme.

(Le *même.*)

Je pense *difficilement,* je *n'ose point penser*
que, etc.

Je ne me souviens point que vous *soyez venue,*
Depuis le temps de Thrace, habiter parmi nous.

(LA FONTAINE.)

Il n'y a point de pays *où* l'on *soit* plus heureux qu'en France.

Non, qu'après tout, Valois *ait* un cœur inhumain.

(*Henriade.*)

Écho n'est plus un son *qui* dans l'air *retentisse.*

(BOILEAU.)

Garde-toi de penser
Qu'à briguer ses soupirs je *puisse* m'abaisser. (*Zaïre.*)

(Je ne *veux* point que tu *penses.*)

Il n'est temple si saint, des anges respecté,
Qui *soit* contre sa muse un lieu de sûreté.

Il ne croit point que Dieu, créateur des humains,
Se *plaise* à déchirer l'ouvrage de ses mains.

(*Henriade.*)

Tu te flattes en vain que ton bras la *délivre*,
Qu'assez lâche aujourd'hui pour consentir à vivre,
Elle *aille* sous ses pieds disperser sans remords
La cendre de l'époux qui l'attend chez les morts.

(La Veuve du Malabar.)

Il n'y a rien *dont* Dieu ne soit l'auteur.

Il n'est point de serpent, ni de monstre odieux,
Qui, par l'art imité, ne *puisse* plaire aux yeux.

(Boileau.)

8. Nous avons établi semblablement que le verbe de la proposition incidente doit se mettre au *subjonctif*, quand la proposition principale est interrogative. C'est que l'interrogation suppose toujours une idée de doute, un refus de croire, une négation, et par conséquent un empire, une *volonté*.

Pense-t-on que je *veuille* tromper ceux qui m'ont donné leur confiance?

Aurais-je pu penser que tant d'ignominie
Dût si tôt éclipser cet éclat de ma vie?

Est-il vrai que Booz *soit* de notre famille? (Florian.)

Penses-tu qu'en effet Zaïre me *trahisse?* (Voltaire.)

Quoi! je suis votre sœur, et vous pouvez penser
Qu'à mon sang, à ma loi, *j'aille* ici renoncer?

(Le même.)

Vous l'avez vue;
Est-il vrai, qu'à la mort elle soit résolue?

(La Veuve du Malabar.)

Connaissez-vous quelque nouvelle qui *vaille*
la peine d'être racontée ?

> Croirai-je, Messala, que le fierté de Rome
> Lui *permette* aujourd'hui de rechercher un homme
> En esclave, en rebelle, indignement traité ?
>
> (Spartacus.)

> Quoi ! de ces lieux encor faudra-t-il que je parte ?
> Se peut-il que le ciel, que Junon m'en *écarte*,
> Que je sois sans asile !....
>
> (Didon de LE FRANC DE POMPIGNAN.)

9. Mais on n'emploie quelquefois l'interrogation
que pour affirmer ou pour nier avec plus d'é-
nergie, et en laissant entrevoir que l'on n'attend
point de réponse. Alors la phrase ne renferme
réellement ni doute ni refus de croire, et par
conséquent le verbe de la proposition subordonnée doit se mettre à l'indicatif.

Exemples :

Pourquoi faites-vous tant de dépenses inu-
tiles ? ne savez-vous pas que vos parents *sont* dans
une grande gêne ?

A présent que je vous ai payé, êtes-vous sûr
que je *suis* honnête homme ?

Pensez-vous que je *crois* tout ce que dit ce roi
des menteurs ?

Avez-vous remarqué que cet homme *s'est moqué* de vos menaces ?

10. Les phrases *optatives* renfermant, ainsi que nous l'avons dit, une idée de désir, de *volonté*, appellent au *subjonctif* le verbe de la proposition *subordonnée :*

Puissent tous ses voisins, ensemble conjurés,
Saper ses fondements encor mal assurés !
. . . .
Que le courroux du ciel, allumé par mes vœux,
Fasse pleuvoir sur elle un déluge de feux !

(Je *désire*, je *veux* que, etc.)

Ces sortes de phrases sont *elliptiques ;* la proposition principale est sous-entendue.

Puissiez-vous, contentes,
Et sans mon secours,
Passer d'heureux jours,
Brebis innocentes,
Brebis, mes amours,
Que Pan vous *défende !*
(*Mad.* DESHOULIÈRES.)

REMARQUE. Les adjectifs *possible* et *impossible* ne peuvent être employés dans une phrase qui renferme déjà le verbe *pouvoir*. Ce serait un pléonasme que de dire : il est *impossible* de *pouvoir*, etc. Il en est de même de l'adverbe *peut-être*.

Puisse bientôt la Ligue expirer sous vos coups!

(*Henriade.*)

Fasse le ciel! (Je *désire* que le ciel *fasse*).

Puissiez-vous vivre autant que Mathusalem!

Que le ciel me *punisse*, si, etc.!

Quiconque est loup *agisse* en loup. (On veut que celui qui est loup *agisse*, etc.)

Les mots supprimés par ellipse étant rétablis, tout rentre dans l'ordre.... Dans l'exemple : *Fasse le ciel!* nous devons remarquer non-seulement le retranchement du verbe principal, mais encore la suppression de la conjonction déterminative *que*, dont toutes les personnes du subjonctif sont ordinairement précédées.

Il en est de même des locutions suivantes :

Dieu vous *assiste!*
Dieu vous *bénisse!*
Dieu lui *fasse* miséricorde!
Dieu *veuille!*
} Je souhaite, nous souhaitons que, etc.

Vive le roi! (Nous souhaitons que, etc.)

Ainsi *soit-il!* (Nous souhaitons que cela *soit* ainsi.)

Plût à Dieu que!

Vienne qui voudra!

Sauve qui peut!

Qui m'aime me *suive*. (Je *veux* que celui qui m'aime me *suive*.)

Plût au ciel qu'à la cour chacun vous *ressemblât*,
Et que ce *fût* ainsi que le monde y *parlât!*

(*Ésope à la Cour*.)

Mon peuple héritera de ma haine pour toi :
Le tien doit hériter de ton horreur pour moi.
Que ces peuples rivaux sur la terre et sur l'onde,
De leurs divisions *épouvantent* le monde ;
Que, pour mieux se détruire, ils *franchissent* les mers ;
Qu'ils ne *puissent* ensemble habiter l'univers ;
Qu'une égale fureur sans cesse les *dévore ;*
Qu'après s'être assouvie, elle *renaisse* encore

. . . .

Et, *puissent* en mourant, mes derniers successeurs,
Sur tes derniers neveux, être encor mes vengeurs !

(*Didon* de LE FRANC DE POMPIGNAN.)

Surtout, *qu'en* vos écrits la langue révérée,
Dans vos plus grands excès, vous *soit* toujours sacrée !

(BOILEAU.)

Fassent les médisants tout ce qa'ils pourront faire,
Je sais par quel moyen on les force à se taire.

(*Ésope à la Cour*.)

11. A plus forte raison les phrases *impératives* marquent-elles *commandement, volonté*, et par conséquent appellent-elles le *subjonctif :*

Ah ! *daignez* imposer à mon cœur abattu
Des lois que *puisse* suivre et chérir ma vertu !

Dites à mon fils qu'*il attende* ici mon retour.

Permettez, avant tout, que mon cœur le *bénisse*
Des biens que va sur vous répandre sa justice.
Pour moi, dans les horreurs d'une mêlée affreuse,
J'ordonnai, mais en vain, qu'on *épargnât* Joyeuse.

                    (*Henriade.*)

J'ai conclu à ce que cet homme *payât* une grosse amende.

Que toujours dans vos vers le sens coupant les mots,
Suspende l'hémistiche, en marque le repos. (BOILEAU.)

12. Les propositions *dubitatives* exprimant un état de suspension, d'incertitude, de besoin d'examiner, de refus de croire, rentrent dans la classe des phrases *négatives*, et demandent, comme elles, le subjonctif.

Je doute que cela *soit arrivé* comme vous le racontez.

Le verbe *douter* appelle toujours le subjonctif; et, s'il est employé affirmativement, il rejette la particule *ne* devant le verbe de la proposition incidente; mais, s'il est employé négativement ou interrogativement, la particule *ne* doit précéder le second verbe :

Tout le monde *doute* que cet homme *obtienne* sa grâce.

Nous ne doutons point que nos amis de Rouen *ne viennent* à Paris pour les fêtes prochaines.

Doutez-vous que je *ne tombe* malade, si je fais cette imprudence?

La locution *il est douteux que* suit la même règle que le verbe *douter que* :

Il est douteux que votre sœur *vienne* demain...

Est-il douteux, il n'est pas douteux qu'elle *ne vienne* demain.

13. *Douter*, précédé d'un pronom réfléchi, *se douter*, employé dans le sens de *présumer, conjecturer*, est un verbe d'affirmation. Il demande *l'indicatif*, quand il est pris affirmativement; mais il doit être suivi du *subjonctif*, quand il est employé négativement ou bien interrogativement.

Exemples :

Je me doute bien que vous *céderez* aux vives sollicitations de votre nièce.

Je ne me doutais point, pouvais-je me douter que vous *prissiez* si promptement une pareille résolution?

Ah! s'il est vrai, dit-il, qu'en ce séjour d'horreurs,
La race des humains *soit* en foule *engloutie*, etc.
(*Henriade.*)

14. Les phrases qui expriment une *condition*,

contiennent, comme les phrases dubitatives, une idée de *volonté* :

Je serai bien aise, *si* j'apprends que tu *aies réussi*. (En effet, le sens est : je me réjouirai ; mais, pour cela, je *veux* que tu *aies réussi*.)

15. C'est à cette règle que se rapportent les phrases qui comprennent une des conjonctions suivantes : *au cas que, en cas que, pourvu que, à moins que, supposé que, afin que, bien que, avant que, encore que, jusqu'à ce que, loin que, pour que, quoique, sans que, soit que, pour peu que, et que*.

☞ *En cas, au cas que* cela *soit*. (Acad.)

> Il est vrai, le gros rouge est une couleur sombre
> Qui détache le clair par le secours de l'ombre :
> *Qu'*on en *ait* un manteau, sans ornements dessus,
> *Pour peu qu'*on soit blanche, on le paraît bien plus.
> (Mercure galant.)

> Qu'importe que César *continue* à nous croire,
> *Pourvu que* nos conseils ne *tendent* qu'à sa gloire ;
> *Pourvu que* dans le cours d'un règne florissant,
> Rome *soit* toujours libre, et César tout-puissant.
> (BRITANNICUS.)

> Pourvu que sa finesse, éclatant à propos,
> *Roulât* sur la pensée, et non pas sur les mots.
> (BOILEAU.)

A moins que vous ne *preniez* bien votre temps, vous n'en viendrez pas à bout. (*A moins que* régit le subjonctif, et la particule *ne* doit tou-jours précéder ce verbe.)

Cette conjonction se construit aussi dans le même sens, avec l'infinitif et la préposition *de*, sans négation : je ne pouvais lui parler plus fortement *à moins de le quereller...* On peut aussi supprimer le *que : à moins d'être* fou, il n'est pas possible de raisonner ainsi. (Acad.)

Je ne m'en irai point, *à moins que* vous *ne* me *chassiez.*

Que sert un long règne, *à moins qu'il ne soit* beau.

(*Ésope à la Cour.*)

Supposé qu'il vienne, j'aurai du plaisir à le recevoir.

Ce livre est toujours sur le bureau *afin qu'on puisse* le consulter... *Afin* s'emploie aussi avec l'infinitif et la préposition *de : afin d'obtenir* cette grâce. (Acad.)

Je sortirai *afin que* vous *n'ayez* pas la peine de sortir. (Moi, voulant que vous *n'ayez* point, etc.)

Viens *que* je te *dise* un mot, c'est-à-dire, *afin que* je te *dise* un mot. (Moi, *voulant* te dire un mot.)

Employez bien le temps de votre jeunesse,

afin que vous *puissiez* un jour remplir les devoirs de votre état.

On lui donna une gratification, *bien qu'il* ne l'eût guère méritée. (Acad.)

> Et *bien* qu'on *soit*, à ce qu'il semble,
> Beaucoup mieux seul qu'avec un sot. (LA FONTAINE.)

> . . . . Ciel! Avant que mon cœur
> Soupçonne un tel forfait, ou le *puisse* comprendre,
> Accorde-moi cent fois de m'y laisser surprendre.
> (Gaston et Bayard.)

Il fut des citoyens *avant qu'il fût* des maîtres.

> *Avant qu'*un peu de terre, obtenu par prière,
> Pour jamais sous la tombe *eût enfermé* Molière.
> (BOILEAU.)

> *Avant que* la raison, s'exprimant par la voix,
> *Eût instruit* les humains, *eût enseigné* ses lois. (*Le même.*)

Avant se construit aussi avec l'infinitif et la préposition *de* : *avant de partir*, et mieux encore: *avant que de partir*.

Encore qu'il soit jeune, il ne laisse pas d'être sage. (Acad.)

Cet enfant ne cessera de crier, *jusqu'à ce qu'*on l'ait contenté.

Loin qu'il soit disposé à vous faire des remer-

cîments, il est homme à vous chercher querelle...
Loin se construit aussi avec l'infinitif et la préposition *de : loin de* me *remercier,* il m'a dit des
injures. (Acad.)

Je désire que vous *partiez* promptement, *pour
que* vous *reveniez* plus tôt. *Pour que* cet homme
devînt sage, il faudrait... *Pour,* suivi de *que,*
s'emploie dans certaines phrases avec les adverbes
assez et *trop.* Vous m'avez rendu *trop* de services, *pour que* je *puisse* jamais douter de votre
amitié.

Votre père est *assez* de mes amis, *pour que*
je *puisse* compter sur lui en cette occasion.

(Acad.)

Quoique je *sois* triste, je ris.

Quoiqu'il *relève* de maladie, et qu'il soit encore très-faible, il a voulu se mettre en route.

Quoiqu'à peine à mes maux je *puisse* résister,
J'aime mieux les souffrir que de les mériter.
(CORNEILLE.)

Mais, quoiqu'en secret à Spartacus j'*obéisse,*
Ne crois pas qu'un moment cette offre m'*éblouisse.*
(*Spartacus.*)

Avec la conjonction *quoique,* on sous-entend
quelquefois le verbe *être : quoique peu riche,* il
est généreux. (Acad.)

2.

Vous vous êtes emparée de ce meuble, ma chère fille, *sans que* votre frère et moi *nous nous en soyons aperçus.*

Je ne prends jamais de café, *que je ne passe,* sans *que je ne passe* la nuit sans dormir. Après une proposition négative, la conjonction *sans que* veut la particule *ne* devant le verbe.

Soit qu'il le fasse, soit *qu'il* ne le *fasse* pas.

Supposons que cela *soit,* qu'il le *fasse;* supposons que cela *soit,* qu'il ne le *fasse* pas. Ce n'est donc pas le *que* qui est la cause du subjonctif; ce sont les mots sous-entendus qui appellent ici ce mode, parce qu'ils emportent une idée de *volonté.*

Je vous verrai *soit* aujourd'hui, *soit* demain. (C'est-à-dire, je *veux* que ce *soit* aujourd'hui, ou je veux que ce soit demain.

La conjonction disjonctive *soit* n'est donc autre chose qu'un verbe.

16. Il y a certaines phrases qui renferment même l'ellipse du *sujet : soit,* je partirai; c'est-à-dire, vous voulez que cela *soit,* je partirai.

Mon père, *voulez-vous* que j'engage de votre part mon ami *Ernest* à dîner? — Et le père

répond : *soit*; c'est-à-dire, j'y consens, je le
veux.

Mayenne, en ce moment inquiet, abattu,
Dans son cœur étonné, cherche en vain sa vertu ;
Soit que, de son parti connaissant l'injustice,
Il ne *crût* point le ciel à ses armes propice ;
Soit que l'âme, en effet, *ait* des pressentiments
Avant-coureurs certains des grands événements.
.(Henriade.)

Pour peu qu'on s'en *écarte*, aussitôt on se noie.
(BOILEAU.)

Il le fera, *pour peu que* vous lui en parliez.

Je réponds du succès *pour peu que* j'y trava'lle.
(Mercure galant.)

Viens, *que* je te *voie*, *que* je *t'entende*, au lieu
de *pour que* je te voie, *pour que* je t'entende.
(Moi, *voulant* te voir, moi, *voulant* t'entendre.)

Il ne dormira plus *qu'il n'ait fait* un sonnet.
(Jusqu'à ce qu'il ait fait... Lui *voulant* auparavant avoir fait, etc.)

17. *Si* tu entreprends cette affaire, et *que* tu
fasses ce que je t'ai dit, tu réussiras. (C'est-à-dire,
supposé que tu fasses, etc.)... Quand il se trouve
dans la même phrase plusieurs membres régis par
la conjonction *si*, au lieu de répéter cette conjonction, on met *que* au second membre, et ce *que*

demande alors le subjonctif, parce qu'il est employé au lieu de *supposé que.*

Si votre fils demande cette place et *qu'il l'obtienne*, au lieu de : *s'il l'obtient, supposé qu'il l'obtienne.*

S'il revenait, et *qu'il fît* une réclamation, vous seriez fort embarrassé. (Acad.)

Les troupes feront bien leur devoir, *si* on les conduit droit à l'ennemi, et *qu'elles soient bien commandées.*

Je rirai si j'apprends que vous *ayez été trompé* par ces prétendus amis. (Je rirai; mais je *veux*, pour cela, que vous *ayez été trompé* par ces prétendus amis, et que je l'apprenne.)

Là, *soit que* le soleil *rendît* le jour au monde,
Soit qu'il finît sa course au vaste sein de l'onde,
Sa voix (la voix de d'Ailli) faisait redire aux échos attendris
Le nom, le triste nom de son malheureux fils.
(Henriade.)

REMARQUE. *Si*, s'emploie quelquefois dans le sens de *quelque*. Exemples : *si* habile *que* vous *soyez*, vous n'y réussirez point. *Si* petit *qu'il soit*. (Acad.)

Si vous venez ce soir, et *que vous soyez* disposé à jouer, je ferai votre partie.

48. Les phrases qui expriment l'*appréhension*, la *crainte*, renferment par là même une *volonté* d'éviter. Aussi le verbe *craindre* et ses *synonymes* demandent-ils toujours le subjonctif; et, lorsque ces verbes sont pris dans un sens *affirmatif*, la particule *ne* doit être placée devant le second verbe; mais, quand ces verbes sont employés dans un sens *négatif* ou bien dans un sens *interrogatif*, la particule *ne* se supprime devant le verbe suivant :

Je *crains* que mes vieux ans *n'effarouchent* votre âge.
                    (FLORIAN, dans *Ruth.*)

Je *crains* que vous *n'arriviez* trop tard.

Je crains que le transport de ce cœur indompté
Avec trop d'imprudence ici *n'ait éclaté.* (LA HARPE.)

J'ai craint que dans ces lieux
Le retour de Warwick *ne traversât* mes vœux.
                    (*Le même.*)

Tu crains que dans l'Europe on *n'entende* mes plaintes
                    (*Le même.*)

J'ai craint que l'on *n'osât,* sur ce retardement,
Du refus de mourir m'accuser un moment.
                    (*La Veuve du Malabar.*)

Nous ne craignons point, craignez-vous que

vos amis *s'en aillent* avant le jour dont nous sommes convenus.

Ne craignez plus qu'ici son pouvoir vous opprime.

(La Harpe.)

Je *tremble* que vous *ne soyez* cruellement *déçu* dans vos espérances.

On appréhende que la fièvre *ne revienne.*

(Acad.)

Votre parent redoute que le crédit de sa partie *ne prévale.*

Cet enfant se *soucie peu,* *s'inquiète peu* que son père *soit* mécontent.

Avoir peur, avoir de l'appréhension, être dans l'appréhension, avoir honte, suivent les mêmes lois que les verbes *craindre, appréhender,* etc. Il faut y joindre le verbe *se plaindre que.*

J'ai peur que cela *ne* vous *fasse* de la peine. Dans *l'appréhension* que cet homme a qu'on *ne* lui *nuise,* il prend les précautions les plus minutieuses.

Votre tante est dans de continuelles appréhensions qu'on *ne mette* le feu à sa maison.

J'ai honte que vous *ayez* des liaisons avec de pareilles gens.

Se défier marque le *doute*, l'appréhension : un général doit se défier que l'ennemi *ne* le *surprenne*.

Votre mère se plaint que vous ne lui *écriviez* jamais.

Nous rapportons à la même règle les propositions précédées des conjonctions de *peur que*, de *crainte que*, et *que*.

> *De peur que* ce héros, trop sûr de sa victoire,
> Avec moins de danger *n'eût acquis* moins de gloire.
>
> (*Henriade.*)

> *De peur que* d'un coup d'œil cet auguste visage
> *Ne fît* trembler son bras, *ne glaçât* son courage. (*Ibid.*)

Nous avons pris la fuite de crainte qu'on ne nous *maltraitât*.

> Arrête, malheureuse ! et reste à mes côtés ;
> Tu n'échapperas point à mes yeux irrités,
> Renferme ta douleur ; *frémis* qu'on *ne la voie.*
>
> (*Gaston et Bayard.*)

(*De peur qu'on ne* la voie.)

Retire-toi, qu'il *ne* te *fasse* tomber. (*De peur que,* etc.)

Usez toujours des plus grandes précautions, *de crainte* qu'on ne vous *prenne* en défaut.

19. Les phrases qui expriment l'*étonnement*, la *surprise*, l'*admiration*, etc., renferment une idée de *volonté*. C'est considérer alors un événement comme un fait extraordinaire, comme une chose que les circonstances *veulent* rarement.

Je *m'étonne que* cet homme *ne voie* pas le danger où il est.

Je *m'étonne que* vous n'ayez pas prévu cet accident. (Acad.)

Je *suis surpris que* vous *soyez arrivé* si tard.

Nous sommes surpris que cet homme ne se *repente* point du mal qu'il a fait.

Tout le monde *admire* que vous *montriez* tant de sagesse dans un âge si peu avancé.

20. Les propositions qui renferment ce que les grammairiens appellent un *superlatif relatif* présentent un sens *conditionnel*, un sens *néga-tif*, si ce superlatif est suivi des pronoms *qui*, *que*, *dont* et *où*; et, par conséquent, elles offrent alors une idée de *volonté*, et demandent le verbe au subjonctif; mais, si le superlatif relatif est suivi d'un nom pluriel qui lui soit joint par l'article *des*, le verbe suivant devra se mettre à

l'indicatif, parce qu'alors le sens est *absolument affirmatif;* et n'a plus rien de conditionnel.

Exemples :

Votre tante est *la plus* belle femme *que* je connaisse.

(C'est comme si je disais : il *n'y a pas* une femme, *supposé que* je la *connaisse,* qui *soit* aussi belle que, etc.) Il y a donc ici *supposition, négation.*

Je ne puis connaître votre tante comme la plus belle femme que comparativement aux autres femmes de ma connaissance ; mais je ne puis les connaître toutes, et je ne dois point juger au delà de mes connaissances.

Votre tante est la plus belle *des* femmes *que je connais.*

(Ici *j'affirme* que la beauté de votre tante est supérieure à la beauté de toutes les femmes que je connais. J'ai donc reconnu, après comparaison faite, qu'aucune autre femme de ma connaissance ne surpasse, n'égale en beauté votre tante.)

Le ciel mit dans son cœur la vertu la plus pure
Dont il puisse enrichir les dons de la nature.

(Sémiramis.)

Dis-leur que j'ai donné la mort la plus affreuse
A la plus digne femme, à la plus vertueuse
Dont le ciel *ait formé* les innocents appas. (*Zaïre.*)

C'est *la moindre* récompense *qu'*on lui *doive.*

C'est la moindre *des* récompenses qui lui *sont dues.*

C'est *le plus* riche propriétaire *qui soit* dans cette ville.

C'est le plus riche *des* propriétaires *qui sont* dans cette ville.

Le *Cid* est *la meilleure* tragédie que nous *ayons.*

Le Cid est la meilleure *des* tragédies que Corneille *a faites.*

Madame, ayez pitié du plus malheureux père
Qui jamais *ait* du ciel *éprouvé* la colère.

Voilà le plus grand mal *dont* vous *puissiez* vous plaindre ;
Celui qui nous menace est beaucoup plus à craindre.
(*Ésope à la Cour.*)

Mais non : l'amour d'un frère et son honneur blessé,
Sont *les moindres des soins* dont *vous êtes pressé.*
(RACINE.)

21. Les phrases où se trouvent les adjectifs *seul, unique, premier, dernier,* etc., précédés

d'un article, renferment aussi une idée de *né-gation*, une idée de *volonté*.

Le feu est la *seule* chose *que* tu *fasses* bien. (Nous trouvons la négation en disant : il *n'y a que* le feu *que* tu *fasses* bien.)

Tu étais le seul qui *pût* me dédommager de l'absence de Rica.

C'était *l'unique* orateur qu'*il y eût* dans ce temps-là. (Il *n'y avait pas* un autre orateur que lui dans ce temps-là.)

La première chose qu'il *faille* faire, c'est de mériter l'estime des honnêtes gens. (Il n'y a pas une autre chose à faire avant celle-ci, savoir de mériter.)

C'était *le dernier* homme avec lequel je voulusse jamais avoir quelque intérêt à défendre. (Il n'y avait pas, après celui-ci, un autre homme avec lequel, etc.)

Il (Iphis) n'est pas, à la cour, le premier qui *s'oublie*,
Et qui *devienne* sage après une folie. (*Ésope à la Cour.*)

Croyez-vous que nous venions de rien?
Mon père avait son père, et son père le sien ;
Et, que nous parcourions mes aïeux ou les vôtres,
Il en faut un *premier d'où soient venus* les autres.
(*Ibid.*)

Allons... voici la fin de mon affreux supplice ,

Et des dons de Fayel *le seul* que je *chérisse.*

(*Gabrielle de Vergy.*)

Licidas est *le seul*, délicat comme il est,
Qui *puisse* avec tant d'art démêler ce qui plaît.

(*Mercure galant.*)

Le chien est le *seul* animal dont la fidélité *soit* à l'épreuve.

22. Les propositions *subordonnées*, précédées des pronoms relatifs *qui*, *que*, *dont* et *où*, présentent tantôt un sens *indéterminé*, *conditionnel*, tantôt un sens *absolu*, *affirmatif*.

Dans le premier cas, le verbe de cette proposition subordonnée marque le *doute*, *l'empire*, la *volonté*.

Dans le second cas, le verbe de la proposition subordonnée exprime une idée *absolue*, *indépendante* de toute condition.

Je devrai donc dire avec le *subjonctif* :

J'irai dans une retraite *où* je *sois* tranquille. (*Voulant* que j'y *sois* tranquille.)

Inventez des ressorts *qui puissent* m'attacher. (J'impose la *nécessité* d'inventer des ressorts qui *soient* propres à attacher; mais j'ignore si l'auteur est capable de remplir cette obligation. Je reste dans le *doute*, dans l'incertitude.)

J'épouserai une femme *qui* me *plaise*. (*A condition* qu'elle me plaise.)

Je cherche une institutrice *qui veuille* se charger de ma fille. (*Désirant* qu'elle *veuille*, etc.)

> Peut-être je pourrai
> Trouver quelque demeure ouverte à l'infortune,
> Où la vertu du moins ne *soit* pas importune :
> Je m'en remets aux dieux qui conduiront mes pas.
>
> (*Coriolan.*)

On désirait un ordre de choses *qui fût* stable.

> Dans ses nombreux états il fallut donc chercher
> Quelque nouvel objet *qui* l'en *pût* détacher. (*Esther.*)

Je voudrais trouver dans ce bourg une auberge *où* je *pusse* loger.

> Dans ces prés fleuris
> Qu'arrose la Seine ;
> Cherchez *qui* vous *mène*,
> Mes chères brebis !

Je te donnerai des raisons *qui* te *convainquent*. (Voulant qu'elles te *convainquent*.)

Mais je dirai avec *l'indicatif* :

J'ai choisi une retraite *où je serai* tranquille. (Je connais cette retraite ; *j'affirme* que j'y *serai* tranquille.)

᠈ L'auteur saura bien inventer des ressorts *qui* nous *attacheront.*

(Je connais son génie, son mérite, et j'affirme positivement qu'il inventera des ressorts qui nous *attacheront.*)

J'épouserai une femme *qui* me *plaira.* (Je connais cette femme ; je sais qu'elle me *plaira.*) Il n'y a rien ici de *conditionnel*, *d'incertain.*

J'ai trouvé une institutrice *qui consent* à se charger de ma fille. (Cette femme a déclaré positivement qu'elle se *chargera*, etc.)

Coriolan se retira dans le pays des Volsques, où il *fut* bien *accueilli.*

La dernière révolution a enfin établi un ordre de choses *qui sera* stable.

On trouva dans les états d'Assuérus la modeste Esther, *qui* le détacha de l'altière Vasthi.

Vous trouverez dans ce bourg une auberge où vous *serez* bien *logé*, bien *traité.*

Notre roi est le pasteur *qui* vous *mènera.*

Je te donnerai des raisons *qui* te *convaincront.*

(Ici, j'affirme, et j'emploie l'indicatif.)

Ainsi, lorsqu'on doute que l'action se fasse, lorsqu'on l'ignore, et qu'on la désire, qu'on la *veut*, il faut employer le subjonctif ; mais quand on croit à l'existence de l'action, qu'on l'affirme, il faut mettre l'indicatif.

Les locutions *quelque que;*... *quel, quelle que, quoi que,* etc. renferment une idée de *supposition,* de *volonté :*

En *quelque* endroit *que j'aille,* il faut fendre la presse
D'un peuple d'importuns qui fourmillent sans cesse.

(BOILEAU.)

(Ces endroits, aussi nombreux que vous *supposiez,* que vous *vouliez* qu'ils soient.)

Enfin, Guise attenta, *quel que fût* son projet,
Trop peu pour un tyran, mais trop pour un sujet.

(Henriade.)

(Son projet, à quelque degré que vous le *supposiez* criminel, etc.)

Et *pourvu qu'à* son but un courtisan *arrive,*
On l'applaudit toujours *quelque* route qu'il suive.

(Ésope à la Cour.)

Quels que soient les lieux où le hasard m'appelle,
Je rencontre partout la bouillotte éternelle. (VIGÉE.)

Quels que soient mes destins, libre ou chargé de fers,
Je prétends te haïr, même au fond des enfers.

Je crains pour lui l'appui qu'il daigne me prêter ;
Quel que soit son secours, je n'en puis profiter.

Je ne crains point ces ennemis, *quelque* puissants qu'ils soient.

(Leur puissance supposée aussi grande que vous le voudrez.)

Quoi que vous *écriviez*, évitez la bassesse. (BOILEAU.)

(Le sujet que vous traitez, *supposé* tel ou tel, de votre *choix*, de votre *volonté*, etc.)

Jamais un lourdaud, *quoi qu'il fasse,* ne saurait passer pour galant.

Quoi que vous *ordonniez* , tout me semblera bon.

Quelques prix glorieux qui me soient proposés ,
Quels lauriers me plairont, de son sang arrosés ?
(RACINE.)

Quelque hommage forcé que la crainte leur *rende,*
Je méconnais les grands qui n'ont pas l'âme grande.
(*Ésope à la Cour.*)

Mais *quoi que* ma fortune *ait* d'éclat et de charmes,
Je ne puis vous quitter sans répandre des larmes.

Loin qu'un zèle si pur *ait* rien que j'appréhende,
Sur *quoi que* ce *puisse* être où mon pouvoir s'étende,
Tu peux de toute chose ordonner à ton choix.
(*Ésope à la Cour.*)

Sans la langue, en un mot, l'auteur le plus divin,
Est toujours, *quoi qu'il fasse,* un méchant écrivain.

REMARQUE. Mais l'adverbe *tout,* suivi d'un adjectif et de la conjonction *que,* emporte une idée d'affirmation, n'a rien qui marque le doute, l'incertitude :

Toute aimable, *toute* raisonnable *qu'elle est*, elle n'est pas heureuse. (C'est-à-dire, elle est *tout à fait* aimable, *tout à fait* raisonnable , et cependant elle n'est pas heureuse.)

Ces tonnerres d'airain où la mort se présente,
Tout menaçants *qu'ils sont*, n'ont rien qui m'épouvante.
Tout souverain *qu'il est*, instruis-le à se connaître.
(*Henriade.*)

Nous n'admettons point d'exception à cette règle. Nous condamnons donc cette phrase : *Tout riche que l'on soit, on a encore besoin de l'assistance d'autrui.* L'Académie ne donne aucun exemple de *tout que* employé pour *quelque que. Tout que* présente donc toujours un sens affirmatif.

23. D'après les principes que nous avons établis, tout verbe qui exprime une *affection de l'âme,* le *désir,* la *crainte,* la *surprise,* l'*admiration,* l'*étonnement,* un *consentement,* une *opposition,* une *négation,* un *regret,* un *chagrin,* renferme une idée de *volonté,* et par conséquent appelle au *subjonctif* le verbe de la proposition *subordonnée.*

Mais, si le *sujet* qui doit faire l'action marquée

par ce verbe *subordonné* est énoncé dans la première proposition, c'est-à-dire, s'y trouve compris, soit comme *sujet*, soit comme *complément*, le verbe de la seconde proposition peut quelquefois se mettre à l'infinitif.

Exemples :

Cette dame *aime qu'*on la *prévienne.*

Votre fils veut être militaire ; *j'aimerais mieux* qu'il *fût* avocat.

Aimer mieux demande aussi le second verbe à l'infinitif précédé de la préposition *de* : *j'aimerais mieux* mourir, que *de faire* une si mauvaise action.

J'approuve que vous *refusiez* de plaider.

C'était une famille opulente ; Dieu *a permis* qu'elle *tombât* tout d'un coup dans la misère.

Les verbes *souffrir, tolérer,* suivent la même règle.

Je souffre *que* cet ami me *contredise.*

Je *tolère que* ma fille *aille* au bal avec sa tante.

Obtenez qu'avec lui je *puisse* revenir. (*Zaïre.*)

Obtiens de Raguel qu'il nous *laisse* partir. (*Tobie.*)

(Obtenir, c'est faire *vouloir* à quelqu'un.)

Ce malheureux *mérite* que *nous* nous *intéres-sions* à lui. (*Mériter que*, c'est avoir un mérite qui *exige*, etc.)

> Le perfide *attendait* que la Ligue épuisée
> *Pût* offrir à son bras une conquête aisée.

(*Attendre que* marque *résignation, volonté*.)

> Tranquille, il *attendait qu'*au gré de ses souhaits,
> La mort *vînt* à son Dieu le rejoindre à jamais.
>
> (*Henriade.*)

> C'est ainsi que l'homme en use envers les dieux ;
> Pour en croire, il *attend* qu'il *soit* malade ou vieux.
>
> (*Ésope à la Cour.*)

Mais *s'attendre*, dans le sens de *présumer, compter, espérer,* est un verbe d'affirmation, et veut à l'indicatif le verbe de la proposition subor-donnée : il *s'attend* que le roi lui *fera* grâce.

> Henri doutait encore, et *demandait* aux cieux
> Qu'un rayon de clarté *vînt* dessiller ses yeux.
>
> (*Henriade.*)

(*Demander que*, exprime un vœu, une *vo-lonté*.)

Je *prétends* que cet insolent *sorte* sur-le-champ de ma maison.

(*Prétendre*, dans le sens de *commander*, marque la *volonté*; mais, dans le sens *d'affirmer*, *soutenir*, il rentre dans la classe des verbes d'affirmation :)

Copernic *prétend* que *c'est* la terre qui tourne.

Le verbe *entendre* offre les mêmes significations, et s'emploie suivant les mêmes principes. Votre mère *entend* que l'on ne *fasse* rien avant son retour... Au bruit que l'on fait, j'entends que mes enfants *sont revenus* de leur promenade.

Je *regrette* que mes neveux *soient partis* si tard.

(Mais, si le sujet du premier verbe, le sujet qui fait l'action de regretter, est compris dans le premier membre de la phrase, *regretter* doit se construire avec l'infinitif précédé de la préposition *de* : mes neveux ont eux-mêmes regretté *d'être partis* si tard.)

Votre parente se plaint qu'on *l'ait calomniée*.

(Acad.)

Un propriétaire *défend* qu'un locataire *s'en aille* sans avoir payé ses loyers. (Fait défense, ne *voulant* point que, etc.)

(*Défendre que* demande le subjonctif, et rejette la particule *ne* devant le second verbe.)

Défendit qu'un vers faible y *pût* jamais entrer,
Et qu'un mot déjà mis *osât* s'y remontrer. (BOILEAU.)

Mais, pour un vain bonheur qui vous a fait rimer,
Gardez qu'un sot orgueil ne vous *vienne* enfumer.

(BOILEAU.)

Gardez qu'une voyelle, à courir trop hâtée,
Ne soit en son chemin d'une voyelle heurtée.

(*Le même.*)

Gardez qu'on *ne* vous *induise* en erreur.

Et, prends garde surtout *que* rien ne te décèle.

(*Ruth*, par FLORIAN.)

Prenez garde, donnez-vous de garde qu'on
ne vous *surprenne.*

(Toutes ces locutions marquent la *volonté*, et
demandent le subjonctif, en faisant précéder le
second verbe de la particule *ne*.) ; et, si le sujet
de ce second verbe est le sujet qui fasse l'action
du premier verbe ou qui lui serve de complément,
le second verbe devra ou pourra se mettre à l'infinitif avec la préposition *de* :

Exemples :

Gardons-nous de rien faire qui *puisse* nous
compromettre.

Donnez *vous* garde *de toucher* à cela.

J'empêcherai bien que cet élève *ne perde* ainsi son temps. (Ne *voulant* pas qu'il, etc.)

Empêcher que emporte toujours une idée d'*opposition*, une idée de *volonté*. Il demande donc toujours le *subjonctif;* et lorsqu'il est pris affirmativement, la particule *ne* doit être mise devant le second verbe : j'ai empêché qu'il *ne sortît.* Mais, lorsqu'il est pris négativement ou bien *interrogativement*, on supprime la particule *ne* devant le verbe de la proposition *incidente:* Je n'empêche point que vous *fassiez* ce voyage... Ai-je empêché que vous *fissiez* ce voyage?

Je désespère *que* mon fils *obtienne* l'emploi qu'il sollicite depuis longtemps. (Le verbe *désespérer* présente un sens *négatif,* (ne plus espérer). Mais si le sujet du verbe subordonné se trouve en même temps le sujet du verbe principal, le second verbe doit se mettre à l'infinitif avec la préposition *de :* mon *fils* désespère *d'obtenir* l'emploi, etc.)

Vous m'avez *tu* que vous *eussiez* cette procuration.

(*Taire,* c'est *ne pas dire... Ne pas taire,* c'est *révéler...*): Vous ai-je *tu,* je ne vous ai point *tu* que j'étais *venu* dans ce dessein.

Faire (dans le sens de *faire en sorte*) renferme une idée d'*empire*, de *volonté* :

Je ferai que vous ne *soyez* plus *tourmenté.*

Aux bons mots que l'on dit, Damon, joignez les vôtres ;
   Mais faites, quand vous en direz,
   Que ceux dont vous vous raillerez,
   Puissent rire comme les autres.

Exigez qu'il *rende* promptement ses comptes.

Dites *que* l'on *serve* le dîner. *Dire*, lorsqu'il exprime le commandement, la *volonté*, appelle le subjonctif ; mais, quand il exprime la simple énonciation d'un fait, il demande l'indicatif : dites à votre mère que je *suis arrivé.*

Remarquons, en passant, cette façon de parler, on *dirait* d'un fou, on dirait *d'un homme ivre,* pour dire qu'on prendrait quelqu'un pour un fou, pour un homme ivre (Acad.)

Vous avez dissimulé que vous *eussiez reçu* une lettre.

Dissimuler renferme une idée de négation, un *refus* de faire connaître : Je ne vous ai point dissimulé, vous ai-je dissimulé que l'affaire *était* pleine de difficultés... *Dissimuler* veut donc le subjonctif ; et *ne pas dissimuler* veut l'indicatif.

Le verbe *céler* suit la même règle que *dissimuler*.

(*Céler*, c'est *refuser* de faire connaître : il demande alors le subjonctif : nous vous avons célé que votre parente *fût morte*... *Ne pas céler*, c'est faire connaître, *révéler* : Nous ne vous avons point célé que notre fortune *était* à peu près *perdue*...)

Mais je ne puis céler que la gloire m'est chère.
(*Mercure galant.*)

Je ne vous cèle point que je *suis enchanté*
De cette délicieuse et pure volupté. (*Ibid.*)

Mander (dans le sens de *commander*) exprime la volonté : Je lui ai mandé qu'il *vînt*. (On le construit aussi avec l'infinitif et la préposition *de* : je lui ai mandé *de venir*.)

J'*ignorais* que cette pièce *fût* de Casimir Delavigne. (Le verbe *ignorer*, sous une apparence de verbe affirmatif, a réellement, comme les verbes *céler*, *dissimuler*, *taire*, un sens négatif. *Ignorer*, c'est ne pas savoir... *Ne pas ignorer*, c'est savoir. Ainsi, *ignorer* présente une idée de négation, et par conséquent une idée de *volonté*; et, *ne pas ignorer*, offre une idée d'affirmation :

J'ai longtemps ignoré que vous *fussiez* de retour à Paris.

Je n'ignore pas *que* vous *avez cherché* à me nuire autant que vous avez pu le faire.

Votre père peut-il ignorer que vous *avez contracté* ici des dettes énormes ?

Le verbe *supposer* renferme tantôt une idée de doute, d'incertitude, et tantôt il exprime *l'affirmation réelle* d'une action :

Nous supposons *que* ce fait *soit* vrai, quelle conséquence pouvez-vous en tirer ?

Pour me nuire auprès du ministre, vous avez supposé que *j'avais* mal *parlé* de lui.

> Je *consens* qu'en partant Nérestan la *revoie*,
> Je veux que tous les cœurs *soient* heureux de ma joie.
> (*Zaïre.*)

Nous *ne savions* point que le roi *dût* aller à Cherbourg.

Je sais que cet employé *n'est* pas de vos amis, mais je sais aussi qu'il *est* homme de bien. (Le verbe *savoir* est soumis aux mêmes règles que les autres verbes d'affirmation ; mais nous devons remarquer qu'il est le seul verbe qui s'emploie à la première personne du présent du subjonctif, au lieu de *je ne sais, je ne connais.* Exemple : je ne

3.

sache rien qui *soit* plus digne de notre amour que la bienfaisance.

Aucun verbe, aucun mot précédent ne semble justifier cette locution que l'usage a consacrée... On dit aussi : *que je sache*, à la fin d'une phrase, pour signifier que, si un fait est autrement qu'on ne le dit, on l'ignore. Exemples : il n'a point été à la campagne, *que je sache*... Est-il venu quelqu'un? Non, pas *que je sache*. Acad. (*A condition, pourvu que* je le *sache*.)

. . . . Il *semble* que ce *soit*
Un sergent de bataille, allant en chaque endroit
Faire avancer ses gens, et hâter la victoire.

(LA FONTAINE.)

Le verbe unipersonnel *il semble*, employé vaguement et sans rapport aux personnes, offre une idée de *doute*, d'*apparence*, exclut l'affirmation; mais, s'il est construit avec un rapport aux personnes, c'est-à-dire, avec un nom ou bien un pronom qui lui serve de complément *indirect*, alors le sens doit être regardé comme affirmatif.

Dans le premier cas, il appelle le subjonctif; dans le second, il veut l'indicatif.

Exemples:

De tout côté s'étend la terreur, le silence.

Il semble que du ciel *descende* la vengeance.

(Les Templiers.)

Plus il semble *à Garo*
Que l'on *a fait* un quiproquo. (LA FONTAINE.)

Je suis son ennemie, je le suis dès l'enfance ;
Il semblait que mon cœur *prévît* sa violence.

(Hypermnestre.)

Il *me* semble que la dépravation du goût n'*est*
pas aussi générale en France que vous le
pensez. (VOLTAIRE.)

Il semble, en vérité, que malgré tous nos soins,
Nous ne *puissions* pourvoir à nos faibles besoins.

. . . . A se soulever, ce peuple toujours prompt,
Nous fait trembler pour Rome : il semble, à sa furie,
Qu'une seconde fois désertant la patrie,
Il *soit* tout prêt encor à partager l'état ;
Ou que, poussant plus loin l'audace et l'attentat,
Dans les derniers excès précipitant sa rage,
Il *veuille* de nos murs faire un champ de carnage

(Coriolan.)

Les conditionnels, on *dirait*, on *eût dit*, vous
diriez, vous *croiriez*, doivent être employés selon les mêmes règles. Avec le pronom indéfini *on*,
le sens est *douteux*, et c'est au *subjonctif* que
nous mettons le verbe suivant ; mais, avec le
pronom sujet *vous*, le sens devient *affirmatif*, et
c'est *l'indicatif* que nous employons.

Exemples :

On *dirait* que pour plaire, instruit par la nature,
Homère *ait* à Vénus *dérobé* sa ceinture.

 Là, pour favoriser ces douces régions,
Vous diriez que le ciel *a choisi* ses rayons.

(*Vous diriez, vous croiriez,* équivalent à : *il vous semble, il vous semblerait.*)

On *eût dit* que du haut de son Louvre fatal,
Médicis à la France eût donné le signal. (*La Henriade.*)
. . . . Sa grande âme m'impose ;
On dirait qu'*il soit né* pour n'avoir point d'égal.

(Spartacus.)

On vit sortir un si grand nombre de feux d'artifice qu'il semblait que toutes les étoiles *tombassent* du ciel.

On dirait que le ciel, qui se fond tout en eau,
Veuille inonder ces lieux d'un déluge nouveau.

(BOILEAU.)

L'unipersonnel *il tarde*, marque *impatience, volonté* : il me tarde que ma maison *soit bâtie*. (Il se construit aussi avec l'infinitif et la préposition *de* : il me tardait *de* vous *voir*.)

Désapprouver, trouver mauvais que, marquent un refus de *consentir à,* expriment une *volonté* :

Je *désapprouve*, je *trouve mauvais* que vous *preniez* une telle liberté. (Acad.)

USAGE DE L'INFINITIF.

24. Puisque l'infinitif exprime une action, il suppose nécessairement un *sujet* qui la fasse ou qui la reçoive. Ce sujet n'est jamais exprimé dans notre langue. En suppléant les ellipses, on trouve facilement l'être qui fait ou qui supporte l'action que l'infinitif exprime. Mais, comme cet infinitif est précédé d'un autre verbe, la phrase présente deux actions. Or, si les deux actions sont compatibles dans un même individu, c'est avec le sujet du verbe principal que l'agent marqué par l'infinitif doit s'identifier.

Nous *promettons* de *lire*... Il est possible que la même personne *promette* de *lire*, et qu'elle lise en effet...

Promettre et *lire* sont donc compatibles dans le même agent. Alors l'infinitif est bien employé. De même, lorsque les deux actions sont incompatibles dans le même sujet, c'est avec le complément du verbe principal que le sujet de l'infinitif s'identifie, si, toutefois, il y a compatibilité avec ce complément.

Votre père vous permet de lire.

Ici, c'est un individu qui permet de lire, et un autre individu qui doit lire. C'est au complément *vous* que le sujet de l'infinitif est applicable :

Votre père permet que *vous* lisiez.

Et, comme ce complément est énoncé dans la proposition principale, la phrase a toute la clarté désirable. Donc, l'infinitif est encore bien employé.

C'est donc une règle indispensable pour le bon emploi de l'infinitif, que le sujet principal puisse être en même temps le sujet de l'action exprimée par l'infinitif; ou bien, que le sujet de l'infinitif puisse s'identifier avec le *complément* déjà *énoncé* du verbe principal, complément soit *direct*, soit *indirect*. Ainsi l'exige la clarté du discours.

Ne dites donc point : la vie est trop courte pour en *prodiguer* les moments en pure perte ; car ce n'est point la vie qui *prodigue* les moments de la vie... Ne dites pas non plus : ce n'est que pour *donner* que le Seigneur nous donne. Car le sens est que le Seigneur nous donne pour *que nous donnions*. Mais le complément *nous* n'est point énoncé avant l'infinitif *donner*. L'emploi de l'infinitif est donc vicieux dans ces deux exemples.

Les phrases suivantes renferment les conditions exigées :

De votre dignité soutenez mieux l'éclat ;
Est-ce pour travailler que vous êtes prélat ?

(BOILEAU.)

(*Pour que vous travailliez... Vous* est tout à la fois sujet du verbe *êtes* et du verbe *travailler*.)

Nous *vous* conseillons de *revenir* promptement. Le complément *indirect* du verbe principal (*vous*, mis pour à vous) étant énoncé dans la proposition principale, fait connaître clairement par qui l'action marquée par l'infinitif doit être faite. La phrase a donc toute la clarté désirable... Le complément du premier verbe pourrait être un complément direct : nous *vous* prions de *revenir* promptement. Le sujet du verbe à l'infinitif peut donc s'identifier avec le complément soit direct, soit indirect du verbe principal.

RÈGLE.

25. C'est donc une nécessité indispensable, pour qu'un verbe soit convenablement employé

3..

à l'infinitif, que le *sujet* ou bien un *complément*
énoncé du verbe principal puisse être, en même
temps, le sujet de ce même verbe mis à l'infinitif.

CONVENANCE DES TEMPS DES VERBES.

26. Les verbes, outre l'affirmation, expriment
le présent, le passé et le futur. Ces trois temps sont
les seuls temps *simples* que nous ayons. Les autres sont des temps *composés*. Il n'y a qu'un seul
temps *présent* dans chaque verbe; mais il y a
plusieurs temps *passés* ou *prétérits*; car on peut
marquer qu'une chose ne vient que d'être faite,
ou indéfiniment qu'elle a été faite. Nous recon-
naissons donc deux sortes de *prétérits* ou *passés;*
l'un qui marque la chose précisément faite, et
que pour cela on nomme *défini*, comme je *chan-
tai*, je *finis*, j'*aperçus*, j'*obtins*; et l'autre qui
la marque indéterminément faite, et que pour cela
on nomme *indéfini*, comme j'*ai chanté*, j'*ai fini*,
j'*ai aperçu*, j'*ai obtenu*.

Le premier de ces prétérits marque une chose
faite dans un temps dont il ne reste plus rien,
et dans lequel on n'est plus; comme, quand on
dit : je *fus* malade l'année dernière; je *reçus*,
la semaine passée, une lettre de votre tuteur; je

lui *répondis* par le courrier du lendemain, parce que l'année, la semaine sont passées.

Ce serait parler contre la langue, que de dire : je *reçus* de l'argent ce *matin*, cette *semaine*, etc., parce que ce *matin*, cette *semaine* font partie du jour et de la semaine où l'on est encore. On ferait également une faute si l'on disait : nous *vînmes* de grands événements dans ce *siècle*, dans cette *année*, dans ce *mois*, dans cette *semaine*; parce que le siècle, l'année, le mois, la semaine dont on parle, ne sont pas écoulés. Il faudrait dire : nous *avons vu* de grands événements, etc. Notre langue est si exacte dans la propriété des expressions, qu'elle n'admet aucune exception à cette règle. Mais on peut indifféremment se servir du prétérit défini ou du prétérit indéfini, quand le temps dont on parle est entièrement écoulé; ainsi, on peut dire : j'*ai écrit* ou j'*écrivis* hier; j'*ai été* ou je *fus* malade la semaine passée, etc.

On emploie souvent les formes des temps les unes pour les autres; le *présent* pour le passé. Racine a dit :

> J'ai vu, seigneur, j'ai vu votre malheureux fils,
> Traîné par les chevaux que sa main a nourris.
> Il veut les rappeler, et sa voix les effraie.

S'il eût dit, *il a voulu les rappeler, et sa voix*

les a effrayés, la pensée eût été la même, quant au fond, mais ce n'eût été qu'un récit. La forme du présent fait un tableau qu'elle met sous les yeux.

On emploie quelquefois le présent pour le futur. On dit : *je pars demain*, pour je *partirai*.

On emploie le prétérit indéfini pour le futur composé ou antérieur : j'ai *fini dans une heure*, pour j'*aurai fini*.

L'imparfait s'emploie souvent pour le passé : Rome *était* d'abord gouvernée par des rois, au lieu de Rome *fut*, etc.

On voit donc que la plupart des temps des verbes peuvent s'employer les uns pour les autres, et que cela sert souvent à donner plus de force, plus de vivacité ou de grâce au discours. Mais il faut bien prendre garde d'employer des temps disparates. Lorsque l'on s'est servi d'abord du *prétérit défini*, il faut continuer de l'employer, et de même pour tout autre temps. C'est une faute que de dire : dès que j'eus obtenu cette réponse, qui devait être si agréable pour mon ami, je m'empresse de la lui porter. Le rapport des temps exigeait qu'on dît : je *m'empressai*, etc.

27. CORRESPONDANCE DES TEMPS DE L'INDICATIF ENTRE EUX.

I. Le présent de l'indicatif correspond :

1º A ce même temps :
2º Au prétérit indéfini :
J'étudie
quand vous étudiez.
quand vous *avez étudié.*

II. L'imparfait de l'indicatif correspond :

1º A cet imparfait lui-même :
2º Au prétérit défini :
3º Au prétérit indéfini :
Je sortais
quand vous *sortiez,*
quand vous *sortîtes.*
quand vous *êtes sorti.*

III. Le prétérit défini correspond :

1º A ce même temps :
2º Au prétérit antérieur :
Je sortis
quand vous *sortîtes.*
quand vous *fûtes sorti.*

IV. Le prétérit indéfini correspond :

1º A ce même temps :
2º A l'imparfait :
5º Au prétérit antérieur composé :
J'ai écrit
quand vous *avez écrit.*
pendant que vous *écriviez.*
Après que vous *avez eu écrit.*

V. Le prétérit antérieur correspond :

Au prétérit défini : quand *il eut écrit, j'écrivis.*

VI. Le plusque-parfait correspond :

1° A l'imparfait :   quand vous *lisiez*.
2° Au prétérit défini :   *J'avais lu*   quand vous *lûtes*.
3° Au prétérit indéfini: quand vous *avez lu*.
4° Au prétérit anté-   quand vous *eûtes lu.*
rieur :

VII. Le futur simple correspond :

1° A ce même futur :   quand vous *écrirez*.
2° Au futur composé :   quand vous *aurez écrit*.
                 j'écrirai
3° Au présent :   si vous *écrivez*.
4° Au prétérit indéfini :   si l'on *a écrit.*

VIII. Le futur *composé* correspond :

Au futur simple : quand vous *aurez écrit, j'é-
crirai.*

28. Correspondance des temps du conditionnel
entre eux.

I. Le conditionnel présent correspond :

1° A ce même con-   Quand vous *écririez* sur-le-champ,
    ditionnel :   votre lettre *n'arriverait* pas à temps.
2° Au conditionnel   Quand vous *auriez écrit* plus tôt, il ne
    passé :   *viendrait* point.
3° A l'imparfait :   *J'écrirais*, si j'avais le temps.
4° Au plusque-par-   *J'écrirais*, si vous aviez promis de
    fait.   m'engager à le faire.

II. Le conditionnel passé correspond :

1° A ce même   *J'aurais écrit*   pendant que vous *auriez*
temps: *fait* compagnie à ma tante.

2°. Au conditionnel { Je vous *aurais*, }
en *usse* après la { je vous, *eusse* } si vous l'eussiez
conjonction *si* : { accompagné } voulu.

CONVENANCE DES TEMPS DE DEUX VERBES UNIS
PAR LA CONJONCTION DÉTERMINATIVE *que* :

29. PREMIÈRE RÈGLE. Lorsque le premier verbe
est au *présent* ou bien au *futur* de l'indicatif, le
second doit se mettre au temps qui indique
l'époque où se fait l'action marquée par le second verbe :

On assure :
Je vous as-
surerai (et
je le sais
certaine-
ment) :
{ que le Roi }

part aujourd'hui.
partira demain.
sera parti, lorsque vous arriverez
   à Paris.
partait, lorsque je partais moi-
   même.
partit hier.
est parti depuis ce matin.
était parti, quand la nouvelle est
   arrivée.
partirait pour Compiègne, si la
   revue devait y avoir lieu.
serait parti pour Cherbourg, si la
   flotte eût dû y mettre à la voile.

30. DEUXIÈME RÈGLE. Lorsque le premier
verbe est à l'*imparfait*, au *prétérit défini*, au
prétérit indéfini, ou bien au *plusque-parfait*, et

que le verbe de la proposition subordonnée exprime une action *temporaire*,

1° Le verbe subordonné doit se mettre à l'IMPARFAIT, si l'on veut marquer un présent relatif au premier verbe, c'est-à-dire, une action qui se fît quand l'action indiquée par le premier verbe avait lieu :

On assurait
On assura
On a assuré
On avait assuré

que la princesse *demeurait* à la campagne, qu'elle y *habitait* une maison très-simple, et qu'elle y *vivait* fort retirée.

2° On met le verbe subordonné au *plusque-parfait*, si l'on veut marquer un passé antérieur au premier verbe, c'est-à-dire, une action qui *fût déjà faite*, quand l'action exprimée par le premier verbe *se faisait*.

On assurait
On assura
On a assuré
On avait assuré

que la princesse *avait demeuré* à la campagne, qu'elle y *avait habité* une maison très-simple, et qu'elle y *avait vécu* fort retirée.

3° On met le verbe subordonné au PRÉSENT DU CONDITIONNEL, si l'on veut exprimer un *futur absolu*, c'est-à-dire, une action qui fût encore à faire, quand l'action marquée par le premier verbe avait lieu :

On assurait	que la princesse *demeurerait* à la cam-
On assura	-pagne, qu'elle y *habiterait* une maison
On a assuré	très simple , et y *vivrait* fort retirée,
On avait assuré	si le prince continuait d'être absent.

REMARQUES IMPORTANTES.

31. 1° **Quel** que soit le temps du **verbe** princi-pal, on doit mettre le verbe subordonné au présent, si ce second verbe exprime une *vérité constante*, une chose vraie dans tous les temps, une action qui se fasse, qui puisse ou qui doive se faire dans tous les temps, qui ne soit dépendante d'aucune circonstance du temps.

Exemples :

Quintilien prétendait que la conscience seule *vaut* mille témoins.

Un sage de l'antiquité soutint que la santé *fait* la félicité du corps, et le savoir celle de l'esprit.

Je vous enseignai toujours qu'il *existe* un Dieu, qu'il *voit* tout et qu'il *connaît* toutes nos pensées.

Je vous ai dit que la vertu *est* préférable à la richesse.

Je vous avais dit que la plupart des hommes

manquent de caractère dans les circonstances les plus difficiles.

2° On met également le second verbe au présent, quel que soit le temps du premier, s'il s'agit d'une chose qui existe encore au moment où l'on parle.

Je vous disais que le roi *veut* notre bonheur.

Votre tante m'a écrit que sa fille *est mariée*.

Je lui exposai que vous *êtes* mon amie.

Je vous avais déjà écrit que ma sœur *est* dangereusement malade.

Que ne disiez-vous que vous *êtes* son père?

3° Quand, par le second verbe on veut exprimer un *passé vague*, et non pas un *passé antérieur*, on doit se servir du prétérit *indéfini*, et non du plusque-parfait :

Je savais que vous *avez obtenu* trois prix.

J'ai appris que vous *avez été* malade.

Les personnes qui disent : je savais que vous *aviez obtenu* trois prix; j'ai appris que vous *aviez été* malade, font une faute grossière. L'époque à indiquer est simplement passée; il ne faut donc pas la considérer comme antérieure à une autre époque qui n'est pas dans la pensée de l'écrivain.

EMPLOI DES TEMPS DU SUBJONCTIF.

Emploi du présent du subjonctif.

PREMIÈRE RÈGLE.

32. Quand le verbe de la proposition *principale* est au *présent*, ou bien *au futur*, on met le verbe de la proposition *subordonnée* au présent du subjonctif, si l'on veut exprimer une ACTION PRÉSENTE OU FUTURE, par rapport au premier verbe, c'est-à-dire, une *action qui eût lieu* ou *qui fût encore à faire*, quand l'action marquée par le premier verbe se faisait.

Exemples :

Il faut dans la douleur que vous vous abaissiez ;
Pour me tirer des pleurs, il faut que vous pleuriez.

(BOILEAU.)

Je veux qu'il *ait* pitié des malheureux, qu'il les *secoure*.

Il faudra que *j'aille* demain à Saint-Germain.

Je refuserai toujours de croire que vous *ayez* aucun tort à vous reprocher à mon égard.

J'ordonne que dès à présent chaque élève *se mette* à faire ses devoirs.

Exceptions.

1° Le verbe de la proposition *subordonnée* se met au présent du subjonctif, quoique le verbe *principal* soit au prétérit indéfini ; mais, cela n'a lieu que lorsque le verbe subordonné est précédé d'une conjonction *causative*, telle que *afin que*, *pour que*, etc. , et quand on veut exprimer une *action présente* dans le moment où l'on parle, ou bien future relativement à ce même moment.

Exemples :

Votre mère a trop mal dormi pour qu'elle *se décide* à sortir ce matin.

J'ai fait préparer mes paquets afin que vous ne *m'attendiez* point au moment de monter en voiture.

Il a trop plu pendant tout l'automne pour que le vin de cette année *soit* de bonne qualité.

Voltaire n'a employé aucune fiction qui ne *soit* l'image de la vérité.

33. 2° Quoique le premier verbe soit au *présent* ou bien au *futur*, on met quelquefois le second à *l'imparfait* ou bien au *plusque-parfait* du subjonctif, quand ce second verbe est suivi d'une *condition*, ou que le sens en comporte *une* qui soit sous-entendue.

Exemples :

Il n'est point d'homme, quelque mérite qu'il ait, qui ne *fût* très mortifié s'il savait tout ce qu'on dit de lui.

Croyez vous que ce cher enfant *se rétablît* si je l'envoyais passer la belle saison à la campagne?

Êtes-vous sûr que votre protégé *pût* remplir convenablement cet emploi s'il l'obtenait ?

Je ne crois pas que ma demande *eût été accueillie* par le prince sans la recommandation du général. (Je sous-entends : si je *n'eusse eu* la recommandation du général.)

Il n'y a aucun Français qui ne *hasardât* sa propre vie pour défendre celle de son roi. (Je sous-entends : si elle était menacée.)

Mais on craint qu'il n'*essuyât* les larmes de sa mère.
(RACINE.)

(Le poëte a sous-entendu : *s'il restait avec elle.*)

54. 5° On met toujours le second verbe au présent du subjonctif, quel que soit le temps du premier, quand ce second verbe exprime une *vérité constante*, une chose qui existe encore au moment où l'on parle.

Exemples :

Dieu nous a créés pour que nous l'*aimions* et que nous le *servions*.

Cet historien n'a rapporté aucun fait qui ne *soit* vrai.

Votre sœur s'était mariée plusieurs années avant vous, quoi qu'elle *soit* votre cadette.

Les premiers chrétiens ont été cruellement persécutés, quoique la religion qu'ils professaient *soit* divine.

Emploi de l'imparfait du subjonctif.

DEUXIÈME RÈGLE.

35. Quand le *premier* verbe est à l'imparfait, à un des prétérits ou passés, au plusque-parfait, ou bien à un des conditionnels, on met le verbe *subordonné* à l'imparfait du subjonctif, si l'on veut exprimer une action présente ou future par rapport au premier verbe, c'est-à-dire, une action qui eût lieu ou qui fût encore à faire quand l'action indiquée par le premier verbe se faisait.

Exemples :

Il fallait
Il fallut
Il a fallu
Il avait fallu
Il faudrait
Il aurait, il eût fallu
} que *j'écrivisse.*

C'est une faute bien grossière que de dire : il fallait qu'il *écrive* son récit. Il fallut qu'il *prenne* son parti là-dessus. Il a fallu qu'il se *soumette* à cette dure nécessité. S'il n'avait pas fallu que tu *viennes* cette semaine à Paris.... Il faudrait que tu ne *fasses* point cette démarche inconsidérée. Il aurait fallu, il eût fallu que tu *t'appliques* davantage à l'étude. Le génie de notre langue exige impérieusement que l'on dise : il fallait qu'il *écrivît* son récit. Il fallut qu'il *prît* son parti là-dessus. Il a fallu qu'il *se soumît* à cette dure nécessité. S'il n'avait pas fallu que tu *vinsses* cette semaine à Paris. Il faudrait que tu ne *fisses* point cette démarche inconsidérée. Il aurait fallu, il eût fallu que tu *te fusses appliqué* davantage à l'étude.

On s'est servi d'écorces d'arbre, avant que le papier *fût* en usage (et non pas soit).

Voulut qu'en deux quatrains de mesure pareille
La rime avec deux sons *frappât* huit fois l'oreille.

(BOILEAU.)

TROISIÈME RÈGLE.

Emploi du prétérit du subjonctif.

36. Quand le premier verbe est au *présent*, au *prétérit indéfini*, ou bien à l'un des *futurs*, on doit mettre le verbe subordonné au PRÉTÉRIT DU SUBJONCTIF, si, par ce verbe, on veut exprimer une action passée par rapport au premier verbe, c'est-à-dire, une action qui *fût* déjà *faite* quand l'action désignée par le premier verbe avait lieu :

Exemples :

Il faut que votre élève *ait* beaucoup *travaillé* pour avoir remporté le premier prix de dessin.

Si nous n'allons pas sans délai voir nos amis, ils ne croiront pas que *nous soyons arrivés* ce soir, comme nous le leur avions promis.

Pourquoi faut-il que le mérite de ce jeune littérateur *ait été contesté* par des rivaux jaloux, qui le critiquaient déjà sans pitié, même avant la représentation de sa pièce?

QUATRIÈME RÈGLE.

Emploi du plusque-parfait du subjonctif.

37. Quand le premier verbe est à l'*imparfait*, à un des *prétérits* ou *passés*, au *plusque-parfait*, ou bien à un des *conditionnels*, le verbe subordonné doit se mettre au PLUSQUE-PARFAIT du subjonctif, si l'on veut exprimer par ce verbe une action passée par rapport au verbe principal, c'est-à-dire, une action qui fût déjà faite quand l'action exprimée par ce verbe principal avait lieu.

Exemples :

Je ne savais pas qu'il *eût été élu* député dans le département des Landes.

J'aurais désiré que vous *m'eussiez informé* plus tôt de ce fait.

Aristide avait été juste avant que Socrate *eût défini* ce que c'était que la justice.

Je ne croyais pas que vous *eussiez eu dîné* avant midi.

Les tableaux de correspondance qui suivent présenteront aux élèves plus de simplicité et de clarté.

38. Correspondance des temps de l'indicatif entre eux et avec ceux du conditionnel.

On dit, on a dit, on dira que je lis.
On dit, on a dit, on dira que je lisais.
On dit, on a dit, on dira que je lus.
On dit, on a dit, on dira que j'ai lu.
On dit, on a dit, on dira que j'avais lu.
On dit, on a dit, on dira que je lirai.
On dit, on a dit, on dira que j'aurai lu.
On dit, on a dit, on dira que je lirais, si...
On dit, on a dit, on dira que j'aurais lu, si...
ou que j'eusse lu, si...

Après l'imparfait :

On disait que je lisais.
On disait que je lus.
On disait que j'ai lu.
On disait que j'avais lu.

Après le plusque-parfait :

On avait dit que je *lisais*.
On avait dit que je *lus*.
On avait dit que j'*ai lu*.
On avait dit que j'*avais lu*.

Après le prétérit antérieur :

Dès que j'eus lu, vous *entrâtes*.
Vous entrâtes, dès que *j'eus lu*.
Après le futur antérieur ou composé :
Dès que j'aurai écrit, je *lirai*.
Je lirai dès que *j'aurai écrit*.

39. Affirmation d'une vérité éternelle ou d'un événement qui existe encore :
Je disais que Dieu est juste et clément.
Je disais que tous les mortels sont égaux.

Avec une condition.

Je donnerais, si *j'avais*.
Si j'avais, je *donnerais*.
J'aurais donné, si *j'avais eu.*
Si j'avais eu, *j'aurais donné*.
J'aurais donné, si *j'avais*.
Si j'avais, *j'aurais donné*.
Je croyais que vous *auriez donné*.
Je crus que vous *auriez donné.*
J'avais cru que vous *auriez donné*.
J'aurais cru que vous *eussiez donné*.

Quand j'ai eu lu, *j'ai écrit*.
Dès que j'eus eu lu, *j'écrivis*.
Si j'avais eu plus tôt fini de lire, *j'aurais écrit*.

4.

J'aurais eu plus tôt fini de lire, si je n'eusse pas été dérangé.

Dès que j'aurai eu fini de lire, *j'écrirai.*

40. Correspondance des temps de l'indicatif et du conditionnel avec ceux du subjonctif.

Nous désirons que vous *réussissiez.*

Nous désirerons toujours que vous *réussissiez.*

Il est fâcheux que vous *perdiez* votre peine.

Il suffit que vous *fassiez* tous vos efforts pour réussir.

Il suffira que vous *agissiez* à temps.

Nous désirons que vous *ayez réussi.*

Nous désirerons toujours que vos vœux *aient été accomplis.*

Il est fâcheux que vous *ayez perdu* votre peine.

Il suffit que vous *n'ayez* rien *négligé.*

Il suffira que vous *ayez fait* tous vos efforts pour réussir.

Je *souhaiterais* que tu *fisses* des progrès.

Il *serait* fâcheux que tu *perdisses* ta peine.

J'aurais ou *j'eusse* souhaité que vos amis *vinssent.*

Je *souhaiterais* que tu *eusses fait* des progrès.

Il *serait* fâcheux que tu *eusses perdu* ta peine.

J'aurais ou *j'eusse* souhaité que vos amis *fussent venus.*

Avec une condition :

Doutez-vous qu'il *partît*, si vous le lui ordonniez? Pensez-vous qu'il le *fît*, si je l'en priais.

Je ne crois pas qu'il *eût gagné* son procès, sans de pressantes sollicitations.

Je ne croirai jamais qu'il *eût commis* cette faute, s'il eût un peu réfléchi.

EXERCICES SUR LA CONCORDANCE

DES MODES ET DES TEMPS DU VERBE.

Ce héros vertueux se cachait à lui-même
Que la mort de Valois lui donne un diadème.
(Henriade.)

Que l'on cherche partout mes tablettes perdues,
Et que, sans les ouvrir, elles me soient rendues.
(Boileau.)

Viens, parle ; et, s'il est vrai que la fable autrefois
Sut à tes fiers accents mê'er sa douce voix.
(Henriade.)

On eût dit que l'armée, à son pouvoir soumise,
Ne connaissait qu'un chef, et n'avait qu'une église.
(Ibid.)

Que dis-je ! il obligea Valois à se priver
De l'unique soutien qui le pouvait sauver. (Ibid.)

J'ai vu vos juges, ils m'ont paru fort bien entendre votre procès ; mais, quelque favorables qu'ils aient trouvé vos moyens, je préférerais que l'affaire s'arrange avant que le jugement se prononce. Ne savez-vous pas qu'on perd une bonne cause ?

Puisque nous sommes libres, j'aime que nous nous entretenions un peu ensemble. Ne trouvez-vous point qu'il y a de votre part de la dureté à poursuivre à toute outrance un débiteur qui n'a réellement aucun moyen de vous satisfaire? Quelle jouissance pensez-vous que vous éprouverez, lorsque vous l'aurez réduit au désespoir? Vous n'êtes donc point effrayé des nombreux suicides qui nous sont annoncés journellement?

Songez que deviendra alors sa pauvre famille.

Je vous ai donné ma fille pour être heureux.

Ah! prince, pardonnez ma fatale imprudence :
Il est vrai, de Bayard j'ai flatté l'espérance;
Croyais-je que Nemours descendrait jusqu'à nous?
(Gaston et Bayard.)

Je tremblais que l'honneur, dans l'assaut qui s'approche,
A mon dernier moment fit son premier reproche.
(Ibid.)

Je veux, à ton amour, dérobant ce mystère,
Jamais devant tes yeux ne voir rougir mon père;
Et ton âme, ignorant qu'il a pu te trahir,
N'aura pas un moment cessé de le chérir. (Ibid.)

Nous sommes charmés que vous êtes enfin venu nous voir; nous avons longtemps craint que vous ne veniez point.

Avez-vous pu croire que je m'en irais avant

que votre affaire eût été terminée? Vous pouvez me soupçonner d'être assez injuste envers vous pour vous laisser dans l'embarras, lorsque je pouvais vous être utile?

> Un poëme excellent, où tout marche et se suit,
> N'est pas de ces travaux qu'un caprice produit.
>
> (BOILEAU.)

> Cherche dans nos tribus un conducteur fidèle,
> Dont nous reconnaîtrons et la peine et le zèle.
>
> (FLORIAN.)

> Non: c'est l'unique frein qui peut me retenir,
> C'est le doute fatal que je veux éclaircir.
>
> (*Gabrielle de Vergy*.)

Il n'aurait pas souffert cet affront, s'il avait été sensible.

Je savais que vous partiriez demain.

Il s'en fallait beaucoup que vos espérances fussent si bien fondées que nous vous avons laissé le croire. Vos amis vous avaient induit dans une erreur qui vous plaisait trop pour que nous voulions vous l'enlever.

C'est le moyen le plus efficace que nous avons de l'obtenir.

(BOILEAU.)

> J'ose vous dire ici qu'en l'état où je suis
> Peut-être assez d'honneurs environnaient ma vie
> Pour ne pas souhaiter qu'elle me fût ravie.
>
> (RACINE.)

Rendez grâce au seul nœud qui retient ma colère ;
D'Iphigénie encor je respecte le père. (*Le même.*)

. . . . Il s'est passé trois ans
Depuis qu'on la laissa dans cette île déserte. . . .
Ah! ce terme est trop long pour douter de sa perte.
(*La femme juge et partie.*)

C'est peut-être un jargon qu'on n'entend qu'en ces lieux.
(*Ésope à la Cour.*)

Votre femme, Monsieur, a l'esprit haut et bas :
Elle veut ignorer que cette loi si belle,
Qui fait l'homme le maître, est la loi naturelle.
(*Les trois frères rivaux.*)

Je désirais que vous veniez nous voir le plus tôt qu'il vous serait possible, et voilà bientôt deux mois que vous vous faites attendre.

Vous avez donc de furieux travaux qui vous fassent oublier vos amis?

C'était un grand seigneur dont le fonds n'était pas mauvais, mais qui était corrompu par la vanité. Il souffrait rarement qu'on lui parle, et jamais qu'on l'ose contredire.

Il importe peu où l'on ait été prendre une telle critique : elle est trop puérile pour s'y arrêter.

(LA HARPE).

Le chevalier jeta sa branche d'héliotrope dans le feu, en s'excusant auprès de la marquise de n'avoir pas pensé plus tôt que cette fleur pouvait l'incommoder.

Le ministre n'ignorait pas le véritable objet pour lequel on faisait avancer les troupes, bien qu'on voulait le lui cacher. (S. GAY.)

Il regarde votre malheur comme une punition du peu de complaisance que vous avez eu pour lui, dans le temps qu'il vous pria de vous intéresser au succès de son entreprise.

Croyez-vous qu'un honnête homme ne soit pas plus estimable qu'un fourbe et un fripon?

Il s'en faut beaucoup que je sois content de l'avoué que vous m'avez engagé à choisir. Il n'a pas fait les démarches que j'aurais voulu qu'il fasse; je crains bien que je perdrai mon procès par sa négligence.

Il convenait que je vous avertisse des dangers que vous couriez en fréquentant de pareilles gens. Je me plains que vous n'avez eu aucun égard à mes avertissements. Si vous continuez d'agir avec la même légèreté, je ne doute point que vous vous ferez peu estimer dans la société où vous aurez à vivre.

Nous vivons dans la plus grande amitié qu'il est possible.

La cour dit qu'on informera sur les lieux.

Quoi que tu *puisses* faire, il serait impossible
De me rien annoncer qui me soit plus sensible.
(*Mercure galant.*)

Et par tout mon quartier la canaille se plaint
Que je prends des couleurs qui font sortir le teint.
(*Ibid.*)

Tous les dons qu'en m'aimant vous pouvez m'avoir faits,
Me sont trop précieux pour les rendre jamais. (*Ibid.*)

Mais lorsqu'en bon état j'ai mis une personne,
Je ne puis empêcher que le ciel n'en ordonne. (*Ibid.*)

Un de nos rois croyait que, si la bonne foi venait à être exilée de dessus la terre, c'était dans le cœur des souverains que l'on devait la retrouver.

Voici l'annonce imprimée des denrées qu'un marchand peut envoyer de Paris dans les départements pour servir sur la table.

Sais-tu bien qu'à l'instant que son flanc mit au jour
Ce triste et dernier fruit d'un malheureux amour,
Je la vis massacrer par la main forcenée,
Par la main des brigands à qui tu t'es donnée?
(*Zaïre.*)

N'est-il point en secret de frein qui vous retienne?
Ne vous souvient-il plus que vous fûtes chrétienne?
(*Ibid.*)

Songe. . . . .
Que c'est le *seul moment* où je peux pardonner.
(*Ibid.*)

Plaignez moins mon trépas... ma carrière est finie
Dans l'instant le plus beau dont s'illustra ma vie.
Ma voix a fait encor le destin des Anglais,
Et j'emporte au tombeau ma gloire et vos regrets.
(*Le comte de* WARWICK.)

On dirait que le ciel est soumis à sa loi,
Et que Dieu l'a pétri d'autre limon que moi.

Il semble que soudain, de mon cœur élancées,
Des flammes ont rempli mes veines épuisées.
(*Gabrielle de Vergy.*)

T'a-t-on dit que Raoul, pour fruit de sa victoire,
De t'enlever d'ici recherche encor la gloire ?
Qu'après m'avoir pour toi percé du coup mortel,
Pour forcer ta prison, il n'attend que Rhétel ? (*Ibid.*)

. . . . Rendez-moi par pitié
Ce fer, le seul secours que me doit l'amitié. (*Ibid.*)

Qu'ai-je fait, pour venir accabler en ces lieux
Un héros sur qui seul j'ai pu tourner les yeux ?

Je ne pense point que cet homme voudra venir
conférer avec moi sur cette affaire, tout impor-
tante qu'elle me paraisse être pour lui.

J'ai composé cette grammaire pour votre usage : je vous ai prouvé qu'il convenait à une personne bien élevée de parler et d'écrire correctement sa langue.

Vous êtes les seuls élèves qui avez suivi exactement le cours que nous terminons, et qui en avez véritablement profité. Nous devons faire aux autres des reproches justement mérités.

Vous n'êtes pas ma belle-mère ; mais il me serait agréable que vous la deveniez.

Cette dame est malheureuse ; et j'appréhende bien qu'elle le sera encore davantage dans le suite.

On dirait que Ronsard, sur ses pipeaux rustiques,
Vient encor fredonner ses idylles gothiques.

(BOILEAU.)

Vos bienfaits dans mon cœur sont gravés trop avant
Pour ne pas avouer, si je suis quelque chose,
Que vous seul aujourd'hui vous en êtes la cause.

(*Ésope à la Cour.*)

Il arrive rarement que nous faisons une paix franche et sincère avec les personnes qui ont blessé notre amour-propre.

Les moyens les plus sûrs que nous pouvons employer pour obtenir le bonheur, sont ceux que la vertu nous indique.

Dieu a voulu que nous employassions au soulagement de nos semblables les biens qu'il nous envoie.

Votre intérêt exige que vous ne vous confiez qu'à des amis bien éprouvés.

Je voudrais bien que votre oncle soit ici : ce sage vieillard nous aiderait de ses bons avis ; mais je n'ai point dans l'idée qu'il reviendra avant la fin de la semaine prochaine.

Que ces couronnes sont belles ! leurs fleurs sont fraîches cueillies ; il semble, à les voir, que nous sommes encore aux beaux jours du printemps.

> Et j'ai choisi l'instant qu'appelé près du roi,
> Fayel porte à ses pieds les gages de sa foi,
> Pour venir m'acquitter d'un soin cruel et tendre,
> Le seul qu'à mon amour l'honneur ne peut défendre,
>   (*Gabrielle de Vergy.*)

>   As-tu donc peur que je sois indiscrète,
>   Toi qui connais tous mes secrets ?

> Aujourd'hui nouveau saint, il faut que l'on vous donne
> Les clefs du paradis pour n'ouvrir à personne.

L'Académie, dans ses sentiments sur le Cid, a dit : Il n'y avait point d'apparence que Chimène prenne la résolution d'exercer cette vengeance de ses propres mains.

Il semble que Racine a mis son amour-propre à

défier la critique : lu par les connaisseurs, il sera regardé comme un des poëtes les plus parfaits qui ont illustré la scène française.

« Il n'y a point de services que les rois ne fussent prêts à rendre, ni de bassesses auxquelles ils s'étaient soumis pour obtenir le titre d'alliés des Romains.

Croyez-vous que quelque auteur a mieux peint la nature que l'a fait le sensible et ingénieux Gesner? Pour moi, je doute qu'aucun écrivain a pu l'égaler sous ce double rapport.

Le lendemain, la reine reçut le corps diplomatique et les personnes de sa cour ; elle ne pouvait prononcer une parole sans que les sanglots la suffoquent, et nous étions de même dans l'impossibilité de lui répondre.

Quelle est la créature humaine douée de son bon sens, qui peut prétendre que le changement des mœurs ne doit pas en amener dans les institutions ? Un nouveau Josué commandera-t-il au soleil de s'arrêter ?

La véritable Rome est cette heureuse enceinte
Où les plaisirs pour vous vont tous se signaler ;
L'autre Rome est tombée, et n'est plus que la sainte ;
Rémusberg est la seule où je voudrais aller.

(VOLTAIRE.)

Je doute que tout ce que les historiens racontent des Égyptiens fût vrai. Je ne doute point que ce peuple eût été très-superstitieux ; mais je ne me serais jamais douté qu'il ait été assez aveugle pour adorer un bœuf, des chiens, des chats, des crocodiles, et même les légumes de ses jardins.

Il semblait que la nature s'était plu à réunir dans Alcibiade tout ce qu'elle pouvait produire de plus fort en vices et en vertus.

La vie de Pepin ne fut pas assez longue pour mettre la dernière main à ses projets.

Je fais ici la meilleure contenance que je puis.

(Sévigné.)

Sous le règne de Charles VI, il n'y avait que les grands qui portaient le deuil en noir.

> Parmi les qualités du cœur,
> Il n'en est point qui fait honneur,
> Si l'on n'y joigne la modestie.

Quelle félicité pour le souverain, que de regarder ses sujets comme ses enfants ! La gloire des conquêtes a-t-elle rien qui pourrait égaler ce plaisir ?

Je doute que tous les divers genres de gloire peuvent atteindre à ce degré de grandeur où la religion élève l'homme de bien.

Philippe-le-Long a dit que tout homme, et en particulier tout Français, naissait et demeurait libre. L'on sait qu'il ne s'est pas laissé gêner par les conséquences de cette maxime; mais les nations pourraient y attacher un sens plus étendu que les rois.

Ce système avait déjà produit quelque bien, et peut-être aurait-il encore évité beaucoup de malheurs s'il avait été constamment suivi. Il était si naturel que le roi soit irrité de sa situation, qu'il prêtait l'oreille avec trop de complaisance à tous les projets qui satisfaisaient ses désirs.

Il se peut qu'un individu n'obtienne pas du ciel la faveur d'assister lui-même au triomphe des vérités qu'il proclame; mais prétendez-vous que pour cela ses assertions sont moins des vérités? Quoiqu'on a jeté Galilée dans les prisons, les lois de la nature découvertes par lui, n'ont-elles pas été depuis généralement reconnues? La morale et la liberté sont aussi sûrement les seules bases que l'on peut admettre du bonheur et de la dignité de l'espèce humaine, que le système de Galilée est la véritable théorie des mouvements célestes.

Le duc d'Enghien, qui fut dans la suite appelé le grand Condé, n'avait que vingt-deux ans, quand il commanda les troupes françaises à la fameuse journée de Rocroi. Son génie suppléait à l'expérience qui lui manquait. Quoique le gouvernement lui avait défendu de combattre, il osa désobéir, et c'est à cette noble hardiesse que la France dut une des victoires les plus mémorables qui ont illustré le règne de Louis XIV.

Les richesses nous font jouir du plaisir le plus grand qu'elles peuvent nous procurer, celui de faire du bien.

Les seules louanges que le cœur sait donner, ce sont celles que la bonté commande.

On n'avait vu le peuple français qu'asservi, et l'on ne soupçonnait point que la violence de la révolte étant toujours en proportion de l'injustice de l'esclavage, il fallait opérer dans l'état les changements avec d'autant plus de prudence, que l'ancien régime avait été plus oppresseur.

S'il fallait que des millions d'hommes soient dominés par un seul, au gré de ses volontés ou de ses caprices, il vaudrait mieux du moins que cet homme ait du génie.

Qu'avez-vous fait, Lydie, et que viens-je d'entendre ?
Est-il vrai que Lausus n'a plus rien à prétendre ?
Est-il vrai qu'outrageant la nature et l'amour,
Le tyran ombrageux à qui je dois le jour,
Malgré ses cheveux blancs et le faix des années,
Veut à ses tristes jours unir vos destinées ?

Puisque la vie des hommes est si courte, faut-il perdre nos plus beaux jours dans de vains amusements?

La même justesse d'esprit qui nous fait écrire de bonnes choses, doit aussi nous faire appréhender que ces choses n'obtiendraient pas l'approbation de tout le monde.

Un seul précepte de morale peut tenir lieu de tous les autres ; c'est celui-ci : Ne faites et ne dites jamais rien que vous ne veuillez que tout le monde voie et entende.

Honorez vos père et mère ; c'est le premier commandement auquel Dieu a attaché cette récompense, afin d'être heureux et de vivre longtemps sur la terre.

Quelques talents que vous ayez, quels que soient les avantages que vous tenez de la nature et de l'éducation; enfin, quelque grandes que soient vos perfections, ne vous attendez pas que tout le monde vous rendra la justice à laquelle votre mérite vous donnera droit.

Si Mirabeau avait été consciencieux, peut-être avait-il assez de talent pour faire naître dans l'assemblée un parti indépendant du peuple et de la cour ; mais trop d'intérêts personnels entraînaient son génie pour qu'il puisse s'en servir librement.

Ses passions l'enveloppaient de toutes parts, comme les serpents du Laocoon, et l'on voyait sa force dans la lutte sans pouvoir espérer qu'il triomphe de la faction.

Un homme embarrassé dans ses affaires, établirait volontiers en théorie que d'emprunter à usure, soit le meilleur système de finance qu'on peut adopter.

Une grande nation n'aurait pas supporté le poids monotone et avilissant du despotisme, si la gloire militaire n'avait pas sans cesse animé ou relevé l'esprit public.

Pendant que l'empereur était à Dresde, en 1812, environné de tous les souverains de l'Allemagne, et commandant une armée de cinq cent mille hommes, composée de presque toutes les nations européennes, on ne pouvait croire, d'après les calculs humains, que son expédition ne serait pas heureuse... On peut à peine se figurer aujourd'hui que, si Bonaparte eût réussi dans son entreprise contre la Russie, il n'y avait pas un coin de terre continentale où l'on pouvait lui échapper. Tous les ports étant fermés, le continent était, comme la tour d'Ugolin, muré de toute part.

Ce n'est pas un pouvoir négatif, mais c'est un pouvoir positif, que l'on donne aux ministres d'un état, quand on leur accorde la censure, ou plutôt la composition des gazettes. Ils peuvent ainsi faire dire sur chaque individu ce qu'il leur plaît, et empêcher que cet individu publie sa justification.

Deux jours après le départ de mon père, dès que sa disgrâce fut connue, les spectacles furent fermés comme pour une calamité publique. Toute la capitale prit les armes; la première cocarde que l'on porta fut verte, parce que c'était la couleur de la livrée du ministre exilé.

Lui seul, à la pitié toujours inaccessible,
Aurait cru faire un crime et trahir Médicis,
Si du moindre remords il se sentait surpris.
(Henriade.)

Le premier qui fut roi fut un soldat heureux.

Au nom de l'empereur, j'allais vous informer
d'un ordre qui d'abord a pu vous alarmer;
Mais qui n'est que l'effet d'une sage conduite
Dont César a voulu que vous soyez instruite.

Pour tout approfondir, tout peindre dans mes vers,
La nature est trop vaste, et les moments trop chers.

Douze années s'étaient écoulées depuis que la mort l'avait séparée de son père, et chaque jour son admiration pour lui s'était accrue; et quoiqu'elle avait parcouru l'Europe entière, jamais un génie de cette trempe, jamais une moralité de cette vigueur ne s'était offerte à elle ; il lui semblait que Dieu lui-même lui parlât, quand ce père lui développait une résolution où son devoir se croyait intéressé. Aucun individu n'obtint d'elle la même confiance, quelque supérieur qu'il pouvait être. Cette grande ombre était restée là sur le sommet de la montagne, comme pour montrer du doigt la vie à venir.

Ce ministre ne fit pas assez de bien pendant sa vie pour faire son éloge après sa mort.

Il n'y a pas d'homme pour qui nous avons plus d'estime que pour votre père.

Socrate demanda au valet des onze ce qu'il devait faire après avoir avalé le breuvage. Le valet lui répondit que, quand il aurait bu la ciguë, il fallait qu'il se promène jusqu'à ce que ses jambes commencent à s'appesantir, et qu'il se couche ensuite sur son lit.

_ D'où viens-tu? Est-il l'heure de revenir chez soi, quand le jour est près de paraître? Et cette manière de vie est-elle celle que doit suivre un honnête mari ? (*Comédie de Georges Dandin*).

Et qui m'assurera, Madame, que ce que je viens d'entendre n'est pas une défaite pour me chasser ? (LE MUET.)

Gesler mort , doutes-tu qu'Albert ne nous envoie
Quelque nouveau tyran dont nous serons la proie ?
             (*Trag. de Guillaume Tell.*)

Mais l'honneur dont ici nous pourrions nous couvrir
N'est point le premier but où nous devons courir.
                                (*Ibid.*)

Albert a tout détruit par son orgueil jaloux,
Sans songer que son père était né parmi nous,
Et que, si dans l'Autriche Albert reçut la vie ,
La Suisse était toujours sa première patrie. (*Ibid.*)

La protection qu'il semble que vous donnez ,
Monseigneur , à ce savant homme , est une preuve
de la justesse de votre esprit et de l'humanité de
vos sentiments.   (*Lettres de Voltaire*).

Je ne suis grand par rien. Il n'y a que mon application qui pourra peut-être un jour me rendre
utile à ma patrie , et c'est là toute la gloire que
j'ambitionne.   (*Ibid*).

Un homme que j'aime et que j'estime , s'est
chargé de cette traduction , par amitié pour moi.
Elle est exacte et fidèle. Il en aurait châtié le
style , si des affaires indispensables ne l'avaient arraché de chez moi.   (*Ibid*).

Je vous assure que je garderai un secret invio-
lable sur ce sujet ; jamais personne ne saura que
vous m'avez envoyé ces deux pièces.   (*Ibid*).

Je craignais que tous ces prétendus amis ne viennent, dans la pensée de faire une surprise.

Valentine ne consentit à laisser partir le commandeur, qu'après lui avoir fait promettre de cacher au duc de Linarès qu'elle avait découvert son secret.

N'essayez plus de me prouver que mes craintes à ce sujet sont exagérées.

> La mouche en ce commun besoin,
> Se plaint qu'elle agit seule, et qu'elle a tout le soin.
>
> (LA FONTAINE.)

> C'est dommage, Garo, que tu n'es point entré
> Au conseil de celui que prêche ton curé. (*Le même.*)

> Ce moment, seigneur, est le dernier peut-être
> Où je puis vous sauver d'un indigne trépas.

> Les novateurs ont voulu qu'une belle,
> Qui, par malheur deviendrait infidèle,
> Irait finir ses jours au fond de l'eau.

> Mais, jusqu'ici, d'où vient qu'éloigné de la cour,
> A Palerme, avec nous, il n'est pas de retour ?
>
> (*Blanche et Guiscard.*)

Je l'aurais fait, si j'avais pu le faire... J'irai à la fête à laquelle vous m'invitez, à moins que je sois malade.

A quoi bon ce dégoût et ce zèle inutile?
Est il donc pour jeûner quatre-temps ou vigile ?

(BOILEAU.)

Comment se fait-il que les ouvrages de la nature
sont si parfaits? C'est que chaque ouvrage est un
tout, et qu'elle travaille sur un plan éternel dont
elle ne s'écarte jamais.

On croirait à vous voir. . . . . ; . .
Qu'étant seul à couvert des traits de la satire,
Vous avez tout pouvoir de parler et d'écrire.

Et ne voyiez-vous pas, dans mes emportements,
Que mon cœur démentait ma bouche à tous moments ?

(RACINE.)

Quand je puis obliger, ma joie est assez grande
Pour n'attendre jamais que l'on me le commande.
(*Ésope à la Cour.*)

On pense rarement que la perte du temps, comme
celle de l'argent, ne puisse être que difficilement
réparée.

Plût à Dieu qu'on mit tous les méchants
Dans l'heureuse impuissance de nuire !
Plût à Dieu que pour les bonnes gens
Ce beau jour puisse luire !

On dit plus, et peut-être allez-vous en douter ;
On dit que cet objet, qu'il eût dû respecter,

5

Devait s'unir bientôt par un nœud plus prospère
Au plus grand des guerriers qu'ait produits l'Angleterre.

> (*Le comte de* WARWICK.)

A Philoctète au moins je puis sans artifice
Me plaindre des affronts dont je suis indigné ;
Je tairai seulement que j'ai tout pardonné.
Puisqu'il le faut enfin, je consens qu'il ignore
Qu'offensé par les Grecs, Pyrrhus les sert encore.

> (*Philoctète.*)

. . . . Le danger presse,
Je veux rendre aujourd'hui Philoctète à la Grèce.
S'il sait que dans cette île Ulysse est descendu,
De nos travaux communs tout le fruit est perdu.

> (*Ibid.*)

Je vous l'ai dit, ma nièce, je vous assurerai tout mon bien (cela vaut la peine d'y réfléchir).

> (*Le Père de famille.*)

Adieu. N'oubliez pas que je fus votre mère. (FLORIAN.)

On ignore communément que Corneille a mis en vers l'imitation de J.-C. ; mais on n'ignore pas qu'il soit le père de la tragédie française.

Ésope florissait du temps de Solon. On ne pense point que les fables qui portent son nom sont les mêmes qu'il a composées. Elles viennent bien de lui quant à la matière et à la pensée ; mais le style en est d'un autre.

Hélas! aurait-on pu prévoir que tant d'admiration serait suivie de tant d'injustice, qu'on repro-
cherait des sentiments d'étranger à celui qui a chéri
la France avec la plus vive prédilection, qu'un
parti l'appellerait l'auteur de la révolution, parce
qu'il respectait les droits de la nation?

> Ai-je mis dans ses mains le timon de l'État
> Pour le conduire au gré du peuple et du sénat?
> Ai-je donc élevé si haut votre fortune
> Pour mettre une barrière entre mon fils et moi?
> Vous l'ai-je confié pour en faire un ingrat,
> Pour être, sous son nom, les maîtres de l'état?
> Que prétendez-vous donc? pensez-vous que ma voix
> Ait fait un empereur pour m'en imposer trois?

Pour nous épargner bien des chagrins, il faudrait que nous suivions les lumières de la raison.

Les Tyriens furent les premiers qui domptèrent
les flots long temps avant l'âge des Argonautes,
tant vantés dans la Grèce.

Le ver luisant des Indes, disent les voyageurs,
suffit pour écrire la nuit, aussi facilement qu'avec
une chandelle.

Alcibiade coupa la queue de son chien, afin
que les Athéniens parlent de cette singularité.

Les plus beaux présents que le ciel a faits à

5.

l'homme, ce sont de dire la vérité, et de secourir
les malheureux.

> Mais, hélas ! pour vouloir revivre,
> La vie est-elle un bien si doux ?

(Mad. DESHOULIÈRES.)

> Marcius immobile, écoutant son arrêt,
> Paraissait insensible à son propre intérêt.
> Sans proférer un mot, il quitte l'assemblée ;
> Et, lorsqu'autour de lui l'amitié désolée
> Gémit du coup affreux sur nous appesanti,
> On dirait que lui seul ne l'a point ressenti.

(*Coriolan.*)

> . . . . S'il fut mon vainqueur, je deviens son appui.
> C'est le jour de Tullus : c'est le seul avantage
> Que le sort me gardait sur un si grand courage,
> Le seul que désormais on ne peut me ravir. (*Ibid.*)

> Qu'il te suffise enfin que ce peuple, en sa rage,
> A payé Marcius par l'exil et l'outrage,
> Que les Romains m'ont tous proscrit, déshonoré,
> Que mon cœur est contre eux sans retour ulcéré,
> Que leur perte est le vœu conçu dans ma colère,
> Que l'ennemi de Rome est mon ami, mon frère.

(*Ibid.*)

Mon ami, je m'étais proposé de corriger votre
version, et de vous la renvoyer dans l'état où il
faudrait qu'elle soit ; mais j'ai trouvé que ce travail me prendrait trop de temps, à causedu grand

nombre d'endroits où vous n'avez pas attrapé le sens.

Les vœux de cette classe de la société pour laquelle l'étude des lettres est un besoin, et le commerce des muses un délassement indispensable, réclamaient depuis long temps un ouvrage qui embrasse l'éducation, les lettres et les sciences.

Il est impossible qu'on puisse s'imaginer la peine que m'a causée la faillite de votre parent : peut-être avec le secours de ses amis, pourra-t-il parvenir à satisfaire ses créanciers.

L'homme égoïste se fait le centre de tout; il voudrait dominer sur tout, et que toutes les créatures ne soient occupées qu'à le contenter, à le louer et à l'admirer.

L'unique point que je crus démêler clairement parmi les reproches qu'il m'a faits, ce fut le caractère de ma nouvelle épouse.

Fais aux autres ce que tu voudrais qu'ils fassent pour toi ; ne leur fais pas ce que tu ne voudrais pas qu'ils te fassent.

En supposant que les gentilshommes n'auraient pas mieux fait de s'associer dès l'origine aux institutions que nécessitaient les progrès des lumières, du moins dix mille nobles de plus autour du roi, auraient peut-être empêché qu'il ne soit détrôné;

mais, de tout temps, les émigrés se sont joués de l'indépendance de leur patrie.

Au nom de patrie, à son aspect, tout votre cœur est ému ; et, loin que vous devriez combattre de telles impressions comme des chimères, il faut, au contraire, que vous les regardiez comme devant servir de guide à l'homme vertueux.

J'aime les reparties ; et les vôtres sont trop piquantes pour les sacrifier.

OSMIN.

. . . . Me voilà cassé.
Ah ! Qui jamais aurait pu dire
Que ce petit nez retroussé
Changerait les lois d'un empire ?

Tant d'hommages auraient peut-être un peu trop enivré la marquise, si elle n'avait entendu dire à un homme qui passait auprès d'elle : « Je « me méfie de ces beautés régulières, elles nais- « sent ordinairement sans esprit, et la flatterie « les rend stupides. »

Quintilien avait raison de dire que la conscience seule valait mille témoins.

Le jour étant trop avancé pour se mettre en marche, on campa sur les bords du fleuve.

> Et je serai le seul qui ne pourrai rien dire !
> On sera ridicule et je n'oserai rire !

Dieu plaça le premier homme dans un jardin délicieux appelé le *Paradis terrestre*, afin qu'il le cultive et qu'il le garde.

Les Vincent de Paul, les Fénélon, les Belsunce, les d'Achon, les Cheverus, et tant d'autres bienfaiteurs de l'humanité, mériteraient qu'on leur élève des monuments.

C'est la première fois qu'il s'est offert à moi une circonstance dans laquelle deux devoirs luttaient l'un contre l'autre avec une égale force ; mais je pense qu'il n'y a pas, dans le court espace de l'existence, une plus grande chance de bonheur que de sauver la vie à un homme innocent ; et je ne sais comment l'on pourrait résister à cette séduction, en supposant que c'en est une.

M. de Talleyrand avait besoin qu'on l'aidé pour arriver au pouvoir ; mais il se passait ensuite très bien des autres pour s'y maintenir. Sa nomination est la seule part que j'ai eue dans la crise qui a précédé le 18 fructidor, et je croyais ainsi la prévenir, car on pouvait espérer que l'esprit de M. de Talleyrand amenât une conciliation entre les deux partis.

La nation, qui avait déjà perdu sous le règne de la terreur les hommes les plus respectables, se vit encore privée de ceux qui lui restaient, On fut au moment de proscrire Dupont de Nemours, le plus chevaleresque champion de la liberté qu'il y avait en France. Le poëte Chénier, à ma prière, courut à la tribune, où il parvint à le sauver, en le faisant passer pour un homme de quatre-vingts ans, quoiqu'il en avait à peine soixante.

Il semble alors que plus on a fait d'efforts pour se préserver de l'écueil, plus on vient s'y briser avec précipitation.

Si Léontine allait croire que ce n'est pas le sentiment le plus pur, le plus désintéressé qui a dicté ce discours si téméraire et si inconvenant.

> Ce n'est pas tout, et ces aveux
> Sont-ils les seuls que je dois faire ?
> Mais hélas ! j'ai trompé les dieux
> Et la nature entière !

Rien ne peut mieux faire apprécier le caractère de Louis IX, que l'éloge qu'en a tracé Voltaire :
« Louis IX paraissait un prince destiné à réfor-
« mer l'Europe, si elle avait pu l'être ; à rendre
« la France triomphante et policée, et à être en
« tout le modèle des hommes ; sa piété, qui était
« celle d'un anachorète, ne lui ôta aucune vertu

« de roi. Une sage économie ne déroba rien à sa
« libéralité. Il sut accorder une politique pro-
« fonde avec une justice exacte, et peut-être est-il
« le seul souverain qui a mérité cette louange :
« prudent et ferme dans le conseil ; intrépide dans
« les combats sans être emporté ; compatissant
« comme s'il n'avait jamais été que malheureux.
« Il n'est pas donné à l'homme de porter plus
« loin la vertu. »

Le soir même, il y avait une réunion chez un
cardinal, dans laquelle les Dorsan devaient se
trouver.   (Auguste Ricard.)

Pendant que Télémaque et Adoam s'entrete-
naient de la sorte, oubliant le sommeil, et n'a-
percevant pas que la nuit était déjà au milieu de
sa course, une divinité ennemie et trompeuse les
éloignait d'Ithaque, que leur pilote Athamas cher-
chait en vain.

Minos n'a voulu que ses enfants règnent après
lui, qu'à condition qu'ils règneraient suivant ses
maximes.

L'étrangère ne savait pas encore combien le silence d'une seule personne peut gâter un succès.
Elle aurait pu s'en apercevoir, si elle avait remarqué de quel air le chevalier répondait aux choses

flatteuses que lui adressait la maîtresse de la maison.

La jeune veuve fut la seule qui n'osa point prier le chevalier de chanter, et cependant il ne chanta que pour elle.

Il importe peu où l'on ait été prendre une telle critique : elle est trop puérile pour s'y arrêter.

(La Harpe.)

Maître Montbeau, dans ce siècle de perversité, pense-t-il que les grâces de son style séduiront ses juges, que ses plaisanteries les égaieront, que les tours insidieux de son éloquence les convaincront?

(Voltaire.)

Bachaumont n'est pas trop content de Chapelle. Il se plaint qu'après avoir tous deux travaillé aux mêmes ouvrages, Chapelle lui a volé la moitié de la réputation qui lui appartenait. Il prétend que c'est à tort que le nom de son compagnon a étouffé le sien. (*Le même.*)

Charmant oiseau, je sentais trop combien il est dur de perdre sa liberté pour désirer de te ravir la tienne.... Mais ne serait-ce point un envoyé du paradis qui vient me visiter sous ce déguisement? Cette pensée me fit pleurer et sourire tout à la fois.

Ces noms sont au pluriel, sans pouvoir s'y méprendre.

La jeunesse est le seul âge où l'homme peut encore tout sur lui-même pour se corriger.

(Télémaque.)

L'exemple commun qui autorise les mœurs du siècle, prouve seulement que la vertu est rare ; mais il ne prouve pas que le désordre est permis.

Un orateur, qui certes n'était l'esclave, ni de la routine, ni des vieux préjugés, a senti qu'une langue illustrée par les productions des écrivains du siècle de Louis XIV, devait s'arrêter et se regarder comme fixée, dans la crainte qu'un jour on n'entende plus les immortels chefs-d'œuvre de ces grands écrivains.

La princesse venait d'arriver, et s'était assise sur la seule chaise qui se trouvait libre, derrière plusieurs autres dames.

La foudre tomba sur le vaisseau avec un tel fracas qu'il semblait que les cieux s'étaient écroulés.

Madame de Sévigné était loin de prévoir que ses lettres, qui font aujourd'hui notre admiration et nos délices, pouvaient avoir d'autre mérite que celui de plaire aux personnes auxquelles elles étaient adressées.

Si les hommes étaient sages, et qu'ils suivent les lumières de la raison, ils s'épargneraient bien des peines.

Tel poëte a souvent employé, malgré lui, une expression incorrecte, qui certainement l'aurait rejetée, s'il avait écrit en prose.

> Un jour, dans le fond d'un vallon,
> Un serpent mordit Jean Fréron.
> Que pensez-vous qu'il arriva?
> Ce fut le serpent qui creva. (VOLTAIRE.)

> Crois-tu que, toujours ferme aux bords du précipice',
> Elle pourra marcher sans que le pied lui glisse ?
>
> (BOILEAU.)

Tu ne pouvais comprendre que c'était elle.

> Il ne fait pas bien sûr, à vous le trancher net,
> D'épouser une fille en dépit qu'elle en ait.

O Pisistrate ! tu es mort comme ton frère, en homme courageux ; il n'y a que moi qui ne puis mourir.

> Mais vous-même, s'il faut vous parler sans contrainte,
> Le refus des Troyens n'est pas la seule crainte

> Qui retient en ces lieux vos désirs et vos pas :
> Un soin plus séduisant. . . . . . .
>
> (*Didon de* LE FRANC DE POMPIGNAN.)

Dieu appela d'en haut son serviteur Abraham, de peur que l'idolâtrie n'infecte tout le genre humain, et n'éteigne tout à la fois la connaissance du créateur.

Je ne crois pas qu'il peut y avoir de véritable amitié entre des personnes qui ne sont pas vertucuses.

Mes chers enfants, je désirerais que vous répondiez aux soins de vos instituteurs, et que vous mettiez plus de zèle dans votre travail.

Il n'y a pas de doute que les distinctions sociales ne peuvent avoir d'autre but que l'utilité de tous; que tous les pouvoirs politiques émanent de l'intérêt du peuple, que les hommes naissent et demeurent libres et égaux devant la loi.

Le parlement anglais avait existé de tout temps; et, quoiqu'il n'était pas irrévocablement décidé que son consentement était nécessaire pour l'impôt, cependant, on avait coutume de le lui demander. Mais il arrivait fort souvent que les impôts étaient prolongés sans que le renouvellement en ait été prononcé par les représentants du peuple.

Dans un lâche sommeil, crois-tu qu'enseveli,
  Achille aura pour elle impunément pâli ?

(RACINE.)

Il semble, aux murmures des impatients mortels, que Dieu leur doit la récompense avant le mérite, et qu'il est obligé de payer leur vertu d'avance. Oh! soyons bons premièrement, et puis nous serons heureux. N'exigeons pas le prix avant la victoire, ni le salaire avant le travail. Ce n'est point en entrant dans la lice, disait Plutarque, que les vainqueurs de nos jeux sacrés sont couronnés, c'est après qu'ils l'ont parcourue.

La cour ordonne qu'on informera sur les lieux.

Si j'avais des vœux à faire, j'aimerais qu'on travaille à former le cœur de la jeunesse; ce devrait être le principal but de l'éducation.

> Ce n'est pas qu'un instant je me suis cru possible
> De vaincre un sentiment qui, toujours invincible,
> S'irrite par l'obstacle et par le désespoir.

Je vous avoue, poursuivit le chevalier, que cette curiosité me parut trop ridicule pour la partager : je m'en fais le reproche actuellement que je soupçonne ce beau monsieur d'être votre héros.

Il serait à souhaiter, pour le bonheur du genre humain, qu'après les grands crimes, des spectres vengeurs poursuivent du moins ceux qui, par leur place et par leur pouvoir, sont au-dessus des lois.

Madame, mon bonheur serait grand, si vous étiez dans quelque peine dont vous me trouviez digne de vous tirer, et il n'y a rien que je ne fasse pour vous obliger.

On conseillait à Diogène de faire chercher un de ses esclaves qui avait pris la fuite. — Il serait bien honteux, dit ce philosophe, que Ménès puisse se passer de Diogène, et que Diogène ne puisse se passer de Ménès.

Quiconque s'éloigne de la sagesse, s'éloigne du seul bonheur où l'homme peut prétendre sur la terre.

Monsieur de Lauzun épouse Mademoiselle, la grande demoiselle, le seul parti qui serait digne de Monsieur.

Le même Dieu qui a fait l'enchaînement de l'univers, et qui tout-puissant par lui-même, a voulu, pour établir l'ordre, que les parties d'un si grand tout dépendent les unes des autres ; ce même Dieu a voulu aussi que le cours des choses humaines ait sa suite et ses proportions : et, à la réserve de certains coups extraordinaires, où le créateur voulait que sa main paraisse toute seule, il n'est point arrivé de grand changement qui n'eût eu ses causes dans les siècles précédents.

Le moindre nuage sur la réputation de ce ministre était la plus grande souffrance que les choses de la vie pouvaient lui causer.

La reine de France, Marie-Antoinette, était une des personnes les plus aimables et les plus gracieuses qu'on avait vues sur le trône, et rien ne s'opposait à ce qu'elle conserverait l'amour des Français; car elle n'avait rien fait qui pouvait le lui faire perdre.

C'est une grande erreur que l'on commet en France que de se persuader que les hommes immoraux ont des ressources merveilleuses dans l'esprit. La corruption et l'intrigue tiennent à un genre de médiocrité qui ne permet point d'être inutile en quoi que ce soit.

Ces paroles furent les derniers conseils que les Français adressèrent à leur souverain par l'attachement que leur inspiraient ses vertus personnelles. Quand la force militaire fut essayée, elle le fut vainement : il semblait que le pouvoir et l'amour s'étaient éclipsés ensemble.

C'est la seule vertu qui m'est encore permise.

Crois-tu que ma gloire passée
Flatte encor leur valeur et vit dans leur pensée ?

Ce n'est que pour mourir que les dieux nous font naître.

Croyez-vous qu'elle est mal d'être avec Léonore ?

Êtes-vous le premier qui, par mille forfaits,
S'est fait un chemin vers le trône ?

Le ciel, en le formant (1), sembla nous le céder,
Plutôt pour en jouir que pour le posséder.

Quand il fut question du jugement de Louis XVI, Thomas Payne donna le seul avis qui pouvait encore honorer la France, s'il avait été adopté ; c'était d'offrir au roi l'asile de l'Amérique. A ne considérer cette résolution que sous le point de vue républicain, c'était la seule qui pouvait affaiblir alors en France l'intérêt pour la royauté.

Saint Vincent de Paul, caché dans son désert, enveloppé de sa vertu, devint un des plus nobles instruments dont Dieu s'est servi pour faire éclater sa puissance dans son Église.

Dieu a permis que des irruptions de barbares renversent l'empire romain, qui s'était agrandi par toutes sortes de violences et d'injustices.

Quel est l'homme de génie qui s'est entendu dire la centième partie des éloges prodigués aux rois les plus médiocres ? On n'aurait jamais parlé de Louis XIV, s'il était né simple particulier,

(1) L'empire des mers.

parce qu'il n'avait de facultés transcendantes en quoi que ce soit.

Bonaparte voulait que je le loue dans mes écrits, non assurément qu'un éloge de plus aurait été remarqué dans la fumée d'encens dont on l'environnait ; mais, comme j'étais positivement la seule femme de lettres connue parmi les Français, et même la seule écrivain qui eût publié des livres sous son règne, sans faire mention en rien de sa gigantesque existence, cela l'importunait, et il finit par supprimer mon ouvrage sur l'Allemagne avec une incroyable fureur.

(Madame de STAEL.)

Bonaparte ne voulait pas qu'un seul individu de son temps existe par lui-même, qu'on se marie, qu'on ait de la fortune, qu'on choisisse un séjour, qu'on exerce un talent, qu'une résolution quelconque se prenne sans sa permission ; et, chose singulière, il entrait dans les moindres détails des relations de chaque individu, de manière à réunir l'empire du conquérant à une inquisition de commérage.

Quoi que tu puisses faire, il serait impossible
De me rien annoncer qui me soit plus sensible.
　D'Armance était le seul dont je craignais les yeux.
Mais il ne m'a point vu. . . . .

(*Gabrielle de Vergy.*)

Je vous connais un cœur et trop juste et trop haut
Pour oser soupçonner que jamais la patrie
Souffre de nos débats et soit plus mal servie.

(Gaston et Bayard.)

Ah ! remplacez le fils que vous avez perdu,
Par un fils plus illustre et plus grand en vertu,
Qui, portant avec moi votre sang sur le trône
Fait rejaillir sur vous l'éclat de sa couronne.

(Ibid.)

Madame Clot était bien la vieille la plus grognon que je connus. (J.-J. Rousseau.)

J'ai appris que dans votre voyage vous passeriez par Milan.

Un prince a été guéri d'un vomissement invétéré, en lui faisant prendre tous les jours deux cueillerées de vin d'Espagne.

L'homme de cour les contemple et soupire,
Il les approche, et leur dit: mes amis,
Qu'avez-vous donc qui vous fait ainsi rire?

Et souvent sans mes vers, qui les ont fait connaître,
Leur talent dans l'oubli demeurerait caché
Et qui saurait sans moi que Cotin a prêché?

(Boileau.)

Votre oncle m'a écrit que vous aviez acheté une métairie, et il a ajouté que vous ne l'aviez pas payée fort cher.

En comptant sur Nemours, ta sagesse est trompée.
D'épais et longs frimas la terre détrempée,
Tant de marais profonds, de fleuves débordés,
Par nos fiers Albanais défendus et gardés,
Opposent à sa marche une sûre barrière....
Eh! Comment pensez-vous que son armée entière,
Ce pesant appareil de cent foudres d'airain,
Ces soldats combattus par le froid et la faim,
Poursuivis, tourmentés d'éternelles alarmes,
Faibles, et succombant sous le poids de leurs armes,
Vont, par de tels chemins, jusqu'à vous accourir?
Le libre voyageur a peine à les franchir.

(Gaston et Bayard.)

Les dieux m'ont envié le seul de leurs bienfaits
Qui pouvait réparer tous les maux qu'ils m'ont faits.

(Didon.)

Seigneur, et quel espoir a donc pu vous promettre
Qu'à vos désirs un jour vous pourriez me soumettre ?

(Sémiramis.)

Il me semble que de lourdes montagnes se
soient écroulées de dessus ma tête.

(Le traducteur de Gessner.)

Cependant, à le voir avec tant d'arrogance
Vanter le faux éclat de sa haute naissance,
On dirait que le ciel est soumis à sa loi,
Et que Dieu l'a pétri d'autre limon que moi.

(Boileau, satire V.)

On croirait, mon esprit, ...
. . . .
Qu'étant seul à couvert destraits de la satire,
Vous avez tout pouvoir de parler et d'écrire.

(BOILEAU, *satire* IX)

Tout le monde sait que les Français étaient des peuples libres qui se choisissaient des chefs sous le nom de rois, pour exécuter des lois qu'eux-mêmes avaient établies, ou pour les conduire à la guerre; et, qu'ils n'avaient garde de considérer les rois comme des législateurs qui pouvaient tout ordonner selon leur bon plaisir.

Les ligueurs, les atroces ligueurs, étrangers et fanatiques, ont arraché au monde le roi, l'homme le meilleur, et le prince le plus grand et le plus éclairé que la France a produit, Henri IV.

J'aimerais mieux, disait Louis IX, qu'un étranger de l'extrémité de l'Europe, qu'un Écossais, vienne gouverner la France, plutôt que mon fils, s'il ne devait pas être sage et juste.

Pallas étant sortie du cerveau fécond de Jupiter, le maître des dieux voulut qu'elle préside à la guerre et aux lettres.

Faites choix d'un ami qui peut vous donner, dans l'occasion, des consolations, des avis et de bons exemples.

Monsieur, je savais que vous aviez un frère et deux sœurs, et que vous êtes l'aîné de votre famille.

Il n'y a pas à craindre que l'ouvrage dont je vous ai recommandé la lecture ne donne aux jeunes gens le goût de la littérature moderne que vous m'avez dit tant de fois que vous ne vouliez point que vos enfants suivent.

Louis XI est le premier qui fit authentiquement l'essai de ce fatal système en France, et l'inventeur est vraiment digne de l'œuvre.

(Madame de STAEL.)

Comme les étrangers occupaient alors une partie du royaume, l'on peut aisément concevoir que le premier intérêt d'un roi de France était de les repousser : et cette cruelle situation fut cause que Charles V se soit cru permis d'exiger quelques impôts sans le consentement de la nation. Mais, en mourant, il déclara qu'il s'en repentait, et reconnut qu'il n'en avait pas eu le droit.

Lorsque des comédiens s'avisèrent de représenter une pièce pour se moquer de la respectable avarice de Louis XII, le prince ne souffrit pas qu'on les punisse, et dit ces paroles remarquables : « Ils peuvent nous apprendre des vérités utiles : « laissons-les se divertir, pourvu toutefois qu'ils

« respecteront l'honneur des dames, je ne suis
« pas fâché que l'on sache que, sous mon règne,
« on ait pris cette liberté impunément. »

Henri IV convoqua l'assemblée des notables à
Rouen, et voulut qu'elle soit librement élue sans
que l'influence du souverain ait part au choix de
ses membres.

Si Henri-le-Grand avait vécu de nos jours, il
n'aurait pas voulu que le bien qu'il faisait à la
France, en lui donnant *l'édit de Nantes*, soit
précaire comme sa vie ; mais peut-être ne prévit-il
point qu'après sa mort la France serait cruellement privée de ce plus précieux de tous les avan-
ges, la liberté de conscience.

Lorsque Louis XIII hérita de sa mère italienne
une grande dissimulation, on ne reconnut plus
le sang du père dans le fils. Qui pourrait croire
que la maréchale d'Ancre a été brulée comme
sorcière, et en présence de la même nation qui venait, vingt ans auparavant, d'applaudir à l'édit de
Nantes ?

Sous Louis XIV, le parlement demanda qu'aucun Français ne puisse être mis en prison sans être
traduit devant ses juges naturels : on voulut que
des bornes soient ainsi mises au pouvoir minis-
tériel.

Croyez-vous, Monsieur Oronte, que les Limousins soient des sots? — Croyez-vous, Monsieur de Pourceaugnac, que les Parisiens soient des bêtes?

(MOLIÈRE.)

Le marché que j'ai conclu vous est assez avantageux pour obtenir un dédommagement.

Thespis fut le premier qui, barbouillé de lie,
Promena par les bourgs cette heureuse folie.

(BOILEAU.)

On m'a toujours dit qu'il n'y avait pas de meilleur moyen de se faire aimer que d'être toujours affable et obligeant envers tout le monde.

Faut-il s'étonner que tant de personnes font des fautes contre les règles du langage ordinaire, puisque des fautes de langue ont échappé à Racine et à Boileau dans leurs immortels chefs-d'œuvre?

Je ne doute pas que les magistrats auxquels vous vous êtes adressé accueilleront favorablement les plaintes que vous leur avez portées, et vous rendront une pleine et entière justice.

Quoique le monarque avait beaucoup d'instruction, et qu'il lisait surtout avec intérêt les historiens anglais, le descendant de Louis XIV avait de la peine à se départir de la doctrine du droit divin. Bien que Louis XVI n'était nullement porté par son caractère à désirer le pouvoir absolu, ce pouvoir était un préjugé funeste auquel, malheureusement pour la France et pour lui, il n'a jamais entièrement renoncé.

En multipliant nos besoins d'un côté, et, en nous donnant de l'autre des facultés pour travailler, le créateur a voulu que nous travaillassions continuellement.

César ne croyait pas que le mérite des belles actions qu'il avait déjà faites, lui donnait le droit de se reposer; il s'honorait plutôt de ce qu'il avait à faire que de ce qu'il avait fait.

Le relâchement des mœurs n'empêche pas qu'on vante beaucoup l'honneur et la vertu; ceux qui en ont le moins n'ont jamais ignoré combien il importait que les autres en aient.

Quelle que soit la facilité de votre esprit, quelque grande que soit votre application, vous ne parviendriez jamais à la connaissance de toutes les sciences. La vie tout entière d'un homme suffit à peine pour en effleurer quelques-unes.

On sut gré à l'autorité de sa condescendance, bien qu'elle y était presque forcée. On accueillit sa majorité de la chambre des nobles, quoique l'on avait qu'elle avait signé une protestation contre la démarche même qu'elle faisait.

Je lui restais encore ; et, tout près de périr,
Il n'avait plus que moi qui pût le secourir.

(Henriade.)

Ce *beau-frère* du héros n'était que le roi même, que ce Valois dont il allait *venger l'injure*; mais la construction ne ferait-elle pas croire que c'était tout autre que le *roi?* Et si c'était en effet tout autre, ne la faudrait-il pas précisément telle qu'elle est?

Mayenne écrivait aux ligueurs que le *Béarnais* ne pouvait lui échapper à moins qu'il se jette dans la mer.... La journée d'*Arques* confondit cette orgueilleuse confiance.

Si je vais le voir, et qu'il me reçoit bien, je vous l'écrirai.

Je vous ai souvent répété que l'adjectif s'accordait avec le substantif.

C'est dans mon dernier voyage à Tarbes que j'ai appris que vous étiez marié.

C'est pour être heureux qu'on me donne une bonne éducation.

. . . . . Ce moment, Seigneur, est le dernier peut-être
Où je puis vous sauver d'un indigne trépas.

. . . . . Doutez-vous que la France
Vienne tout *entière* en demander vengeance?

LA SERRE.

Ton insolence,
téméraire vieillard, aura sa récompense.
(*Il lui arrache sa perruque.*)

CHAPELAIN.

Achève et prends ma tête après un tel affront,
Le premier dont ma muse a vu rougir son front.

Toi qui peins les transports après vingt ans d'absence,
Quand tu revois les lieux où jouait ton enfance,
Est-il vrai qu'aujourd'hui tu crains d'en approcher?

Ma fortune est à moi, et elle me coûte assez
pour en disposer à mon gré.
(*Le père de famille.*)

Mais, comme dans le monde il n'est rien de certain,
Et que c'est une mer qui n'est point sans naufrage,
Après un temps calme et serein,
Il survint tout à coup un furieux orage;
Les vents en ce moment agitèrent les airs,
Il semblait que la pluie inonderait la terre.
(*Ésope à la Cour.*)

Combien au tableau qui paraît
En voit-on qui sont tout semblables?
C'est ainsi que l'on reconnaît
Les faux amis des véritables. (*Ibid.*)

Quel plaisir prenez-vous à prolonger ma peine?
Les moments sont trop chers pour les perdre en discours.
Ma mère, à qui tout manque, a besoin de secours.
(*Ibid.*)

6.

LA SERRE.

Trop peu de gain pour moi suivrait cette victoire :
A moins d'un gros volume, on compose sans gloire :
Et j'aurais le regret de voir que tout Paris
Te croirait accablé du poids de mes écrits.

Voilà une grosse finesse! Il s'ensuit de là que tout ce qui se peut dire de beau est dans les dictionnaires : il n'y a que les paroles qui sont transposées.

Pluton dit à Diogène : je vois bien, Diogène, que tu ne connais pas Lucrèce. Je voudrais que tu l'aies vue, la première fois qu'elle entra ici, toute sanglante et tout échevelée. Elle tenait un poignard à la main : elle avait le regard farouche; et la colère était encore peinte sur son visage, malgré les pâleurs de la mort.

Turenne a eu tout ce qu'il fallait pour faire un des plus grands capitaines qui fut jamais.

Ne vous ai-je pas dit que j'étais gentilhomme, né pour ne rien faire et pour ne rien savoir?

Les bienfaits sont le seul trésor qui s'accroît à mesure qu'on le partage.

Quelque immenses que sont les richesses, elles s'épuisent à la fin….

Quelque méchants que sont les hommes, ils n'osent paraître ennemis de la vertu.

Il y a deux sortes d'ambition : celle d'amasser de la fortune, et celle d'acquérir de la gloire; il y a peu de gens qui les ont toutes les deux.

Le moyen le plus efficace qu'on peut employer pour se guérir de la crainte de la mort, c'est de vivre sans reproche.

Ce ne serait pas moi qui se ferait prier.

(MOLIÈRE.)

Mais accordons qu'on puisse en effet *verser un esprit, un regard,* s'ensuit-il nécessairement qu'on peut *verser une flamme.*

L'empereur *Caligula,* monstre farouche, souhaitait que le peuple romain n'ait qu'une tête, pour pouvoir la couper d'un seul coup.

AGAMEMNON.

Ma fille? qui vous dit qu'on la doit amener?

(*Iphigénie.*)

Je vous ai fait passer six aunes et demie de cette étoffe que vous avez désiré que je vous envoie, en me recommandant surtout qu'elle soit semblable à celle de la robe de la dame que vous aviez vue chez moi.

Après avoir démontré que tous les grands hommes qui ont illustré la France, se sont montrés ou les émules ou les disciples des anciens, l'orateur s'est appliqué à démontrer combien il nous importait aujourd'hui d'étudier les chefs-d'œuvre de tant de grands écrivains.

Vous n'avez voulu vous donner aucune peine pour secourir ceux qui imploraient votre pitié, quelque assistance qu'il vous plairait de leur accorder. Combien vous avez dû vous reprocher votre inhumanité!

Cette femme resta plus d'une heure sans voix et sans connaissance avant qu'on ait pu la rappeler à elle.

Le premier pas que Napoléon a fait vers sa ruine, c'est l'entreprise contre l'Espagne ; car il a trouvé là une résistance nationale, la seule dont l'art ni la corruption de la diplomatie ne pouvaient le débarrasser.

Un des résultats du pouvoir absolu qui a le plus contribué à précipiter Bonaparte du trône, c'est que, par degrés, l'on n'osait plus lui parler avec vérité sur rien. Il a fini par ignorer qu'il faisait froid à Moscou, dès le mois de novembre, parce que personne, parmi ses courtisans, ne s'est trouvé assez romain pour oser lui dire une chose si simple. (Madame de STAEL.)

En Angleterre, quand le ministère change,

tous ceux qui remplissent des emplois donnés par les ministres n'imaginent pas qu'ils peuvent en recevoir de leurs successeurs ; et cependant, il ne s'agit entre les divers partis anglais que d'une très-légère différence.

Dans un pays bien organisé tel que l'Angleterre, désirer la popularité, c'est vouloir la juste récompense de tout ce qui est bon et noble en soi-même. Il a existé de tout temps des hommes qui ont été vertueux, malgré les inconvénients ou les périls auxquels ils s'exposaient par là ; mais, quand les institutions sociales sont combinées de manière que les intérêts particuliers et les vertus publiques sont d'accord, il ne s'ensuit pas que ces vertus n'ont d'autre base que l'intérêt personnel. Seulement, elles sont plus répandues, parce qu'elles sont avantageuses, aussi bien qu'honorables.

Je ne sais aucun pays du monde où il est plus avantageux qu'en Angleterre d'être un homme supérieur. Non-seulement tous les emplois, tous les rangs peuvent être la récompense du mérite ; mais l'estime publique s'exprime d'une manière si flatteuse, qu'elle donne des jouissances plus vives que toutes les autres.

Le code de l'étiquette impériale est le document le plus remarquable de la bassesse à laquelle se

peut réduire l'espèce humaine. On obéissait à Po-
naparte, parce qu'il donnait de la gloire militaire
à la France. Que cela soit bon ou mauvais, c'était
un fait clair et sans mensonge. Mais toutes les
farces chinoises qu'il faisait jouer devant son char
de triomphe ne plaisaient qu'à ses serviteurs, qu'il
aurait pu mener de cent autres manières, si cela
lui avait convenu. Il aimait mieux qu'on le traite
comme un prince que comme un héros.

> Et moi, triste rebut de la nature entière,
> Je me cachais au jour, je fuyais la lumière,
> La mort est le seul Dieu que j'osais implorer :
> J'attendais le moment où j'allais expirer. (*Phèdre.*)

> Raison, présent trop funeste,
> Que me fit un Dieu vengeur,
> Faut-il donc que tu me restes,
> Pour mieux sentir mon malheur?

Lysias, le plus habile orateur de son temps,
avait composé un fort beau discours pour la défense
de Socrate. Il l'apporta au philosophe, qui le lut
avec plaisir, et le trouva très-bien fait. Mais il ne
voulut point que Lysias le lise. Socrate se défendit
lui-même, et se justifia par le simple exposé de sa
conduite.

Après que la sentence eut été prononcée, Socrate
se rendit à la prison, qui devint dès ce moment le
séjour de la vertu. Ses amis l'accompagnèrent

en fondant en pleurs. Apollodore, un de ses disciples, ne cessait de crier que son maître mourrait innocent. « Voudriez-vous, lui demanda Socrate « en souriant, que je meure coupable? Anytus et « Mélytus peuvent me tuer, mais ils ne peuvent « me blesser. »

L'eau est une des plus grandes forces mouvantes que l'homme peut employer pour suppléer à ce qui lui manque dans les arts les plus nécessaires, à cause de sa petitesse et de la faiblesse de son corps.

L'habitude que j'avais d'être flatté était si grande que je craignais que la vérité ne perce le nuage qui m'entourait, et ne parvienne jusqu'à moi.

Nous pensons que Bonaparte, à son retour de l'île d'Elbe, n'aurait pas été accueilli en moins d'une année par un parti considérable, si les ministres du roi avaient franchement établi le gouvernement représentatif et les principes de la charte en France, et si l'intérêt de la liberté constitutionnelle avait remplacé celui de la gloire militaire.

Il ne faut donner sa confiance qu'à quelqu'un que l'on connaît bien.

DORIS A ÉRYPHILE :
Bientôt Iphigénie, en épousant Achille,
Vous va sous son appui présenter un asile;
Elle vous l'a promis et juré devant moi.
Ce gage est le premier qu'elle attend de sa foi.

ULYSSE A AGAMEMNON.
. . . . . De ce soupir que faut-il que j'augure?
Du sang qui se révolte est-ce quelque murmure?
Croirai-je qu'une nuit a pu vous ébranler?

(Iphigénie.)

Après l'entrevue d'Aigues-Mortes, en 1538, François I alla visiter Charles-Quint sur sa galère, et lui dit : « Mon frère, vous me voyez une « seconde fois votre prisonnier.—Non, mon frère,» répondit aussitôt l'empereur, « je ne vous ai jamais eu prisonnier que dans mon cœur, qui est « tout à vous, avec autant de sincérité que je voudrais que le vôtre soit à moi. »

FIN.

D

FIN.

www.ingramcontent.com/pod-product-compliance
Ingram Content Group UK Ltd.
Pitfield, Milton Keynes, MK11 3LW, UK
UKHW020209130726
13696UKWH00002B/810